畑中敦子の
資料解釈
The BEST
ザ・ベスト
NEO

畑中敦子 著

エクシア出版

はじめに

資料解釈とは？

与えられたデータ（数表やグラフ）について、そこから正しくいえることを選択肢から選ぶという出題スタイルが最も一般的です。

数値を読み取って判断するだけですから、時間さえあれば確実に得点できる内容ですが、本番ではそれほど時間がありませんので、いかに速く解くかが勝負となります。

出題の目的は？

データの数値を読み取って計算するイメージが強い科目ですが、求められているのは決して「計算力」ではありません。

この科目で試されているのは、データの内容を理解し、選択肢の内容の正誤を見極める「判断力」といっていいでしょう。計算は暗算レベルで済ませ、要領よく問題を解決する能力が必要になるわけですね。

勉強方法は？

パターンはそれほど多くはありませんので、数多くの問題を解いて、とにかく慣れることが大事です。易しい問題から徐々にレベルを上げて練習するようにしましょう。

本書では、初めに「基本事項」で、資料解釈の用語や基礎知識、計算を省略するためのテクニックなどを習得し、そこから問題演習に進む構成となっています。問題演習は 4 問で 1 つのユニットを組んでおり、「Unit 1」から「Unit 16」まで徐々に難易度がアップしていきます。

各ユニットの 4 問について、初めのうちは、まず解説を読んで解法を理解してください。そして、その後は時間を計って自力で解いてみましょう。それぞれのユニットには「目標時間」が示されていますから、その時間内で解けるまで繰り返し練習してください。計算はなるべく暗算レベルで済ませるなど、時間を有効に使うようにしましょう。

資料解釈は短期間で得点力を伸ばすことができる科目ですので、ぜひ得点源としてください。

本書を活用いただいた皆さんの、本試験でのご健闘を心よりお祈りいたします。

2023 年 2 月

畑中敦子

目次

Level A … 基本レベル
Level B … 基本～標準レベル
Level C … 標準～ややハイレベル
Level D … ハイレベル

How to use The BEST

資料解釈の用語や基礎知識、計算の省略に必要なテクニックなどをここにまとめたよ。初めにしっかり読み込んでもいいし、サラッと目を通して問題を解きながら確認するのでも OK！

基本事項

① 分数の比較

分数は、分子が大きいほど大きく、分母が大きいほど小さくなるので、次のような「分数の大小関係」は分子、分母の大きさで判断できます。

分母が等しいなら、分子が大きいほうが大きい ⇒ $\frac{12}{17} > \frac{11}{17}$

分子が等しいなら、分母が小さいほうが大きい ⇒ $\frac{11}{15} > \frac{11}{16}$

分子が大きく分母が小さいなら、分数は大きい ⇒ $\frac{13}{18} > \frac{12}{19}$

また、片方の分数が分子、分母とも大きいときは、それぞれの割合を比較し、分子のほうの割合が大きければ大きく、分母のほうの割合が大きければ小さくなります。

出典は最新の過去問が中心！15 ページの補足参照！

Unit 11 PLAY 2
特別区 Ⅰ類 2022

次の表から確実にいえるのはどれか。

政府開発援助額の対前年増加率の推移

(単位 ％)

供 与 国	2015 年	2016	2017	2018	2019
アメリカ	△ 6.4	11.1	0.9	△ 2.7	△ 2.4
ド イ ツ	8.3	37.9	1.1	2.7	△ 6.0
イギリス	△ 3.9	△ 2.7	0.3	7.5	△ 0.5
フランス	△14.9	6.4	17.8	13.3	△ 6.7
日　　本	△ 0.7	13.2	10.0	△12.2	16.5

(注) △は、マイナスを示す。

1. 表中の各年のうち、イギリスの政府開発援助額が最も多いのは、2015 年である。
2. 2015 年のドイツの政府開発援助額を 100 としたときの 2019 年のそれの指数は、130 を下回っている。
3. 2016 年のフランスの政府開発援助額は、2018 年のそれの 70％ を下回っている。
4. 2019 年の日本の政府開発援助額は、2016 年のそれの 1.2 倍を下回っている。
5. 2017 年において、ドイツの政府開発援助額の対前年増加額は、アメリカの政府開発援助額のそれを上回っている。

その問題について、ちょっと一言！

増加率がけっこう大きい数値もあるから要注意！ 基本事項 6 を確認して！

ちゃんと計算した結果はここで確認して！

きちんと計算

肢 2　2016 年　85.0 ＋ 57.0 ＋ 103.0 ＋ 120.0 ＋ 137.5 ＋ 174.5 ＋
　　　　　　　81.5 ＋ 414.0 ＋ 287.0 ＋ 96.5 ＋ 139.0 ＋ 84.0 ＝ 1,779.0
　　　2017 年　26.0 ＋ 15.5 ＋ 85.5 ＋ 122.0 ＋ 49.0 ＋ 106.5 ＋
　　　　　　　81.0 ＋ 141.5 ＋ 209.5 ＋ 531.5 ＋ 47.0 ＋ 15.0 ＝ 1,430.0

演習問題は4問で1ユニット！ Level A から Level D まで徐々に難易度が上がるよ（3ページ参照）。
1ユニットの4問をまとめて解いてみよう！

本番でこの4問を解くのに目標とすべき時間の目安だよ。この時間内で答えを出せるまで繰り返し挑戦しよう！ 前半で答えが見つかればラッキー♪ だけど、もちろん、その後ですべての選択肢を確認するようにしてね！

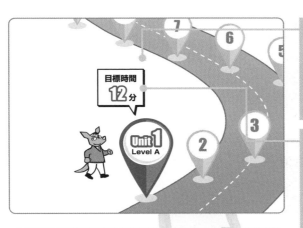

目標時間
12分

Unit1
Level A

肢1 イギリスの、2016年，2017年，2018年の対前年増加率は、−2.7％，0.3％，7.5％で、合計すると5.1％ですから、2015年に対して2018年は増加していると判断できます（基本事項⑥）。
　よって、最も多いのは2015年ではありません。

肢2 ドイツの2015年を100とすると、<u>2016年は137.9</u>となります。また、2017年、2018年、2019年の対前年増加率は、1.1％、2.7％、−6.0％で、合計すると−2.2％です。137.9の2.2％は3程度ですから、これを引いても130を下回ることはないので、2019年の指数は130を下回っていないと判断できます。

2016年の増加率は大きいから、この年の数値は認識しておこう！

畑中先生の魂の解説！

解説の所々で、補足が入るよ！

		肢1		肢2	（単位　％）
供与国	2015年	2016	2017	2018	2019
アメリカ	△ 6.4	11.1	0.9	△ 2.7	△ 2.4
ドイツ	8.3	37.9	1.1	2.7	△ 6.0
イギリス	3.9	△ 2.7	0.3	7.5	△ 0.5
フランス	△14.9	6.4	17.8	13.3	△ 6.7
日本	△ 0.7	13.2	10.0	△12.2	16.5

（注）△は、マイナスを示す。　　　肢3　　　肢4

データのどこを見ればいいのか、ここで確認！

肢3 70に対する100は1.4倍以上になりますので、仮に、2018年を100としたときの2016年の値が70を下回っているならば、2016年→2018年で40％以上の増加があったことになります。
　しかし、フランスの2017年、2018年の対前年増加率は、17.8％

アドバイス

　肢1は、小さいほうから1番目、2番目…、と順に探さなくても、まず、2桁の数値がいくつあるか数えてみよう！ 2015年は6個だから、その中で一番大きいのが「6番目」、3桁の中で一番小さいのが「7番目」だね。

問題の後に、ちょっとしたアドバイス！

本試験データ

主要試験について、資料解釈の出題傾向と、2020～2022年の数的処理全科目の出題項目の一覧を示しており、一覧の中の網掛け部分が資料解釈に該当する問題になります。

資料解釈の出題傾向は、試験によって異なる部分が多いので、受験される試験の過去問をなるべく多く解いて、問題の傾向を把握し、時間配分の計画をしっかり立てて臨んでください。

FILE 1 ▶ 国家公務員総合職

▶ 資料解釈の出題傾向

例年、2問の出題で、基本的に表とグラフが1問ずつです。近年の傾向としては、表については、単純なデータではあるもののやたら面倒な問題もあり、グラフについては、特殊なデータや複数のデータを絡ませる問題が多く、全体的にレベルが高いです。ただ、最近は割と標準的な問題が出題されています。

▶ 2020～2022年の数的処理出題項目

番号	科目	2022年出題項目	2021年出題項目	2020年出題項目
No.12	判断推理	命題と論理	命題と論理	命題と論理
No.13	判断推理	集合算	集合算	順序関係
No.14	判断推理	数量条件からの推理	数量条件からの推理	命題と論理
No.15	判断推理	対応関係	その他の推理	順序関係
No.16	判断推理	その他の推理	位置関係	位置関係
No.17	判断推理	その他の推理	数量条件からの推理	試合
No.18	空間把握	回転体	折り紙	折り紙
No.19	空間把握	移動と軌跡	トポロジー	正多面体
No.20	数的推理	仕事算	最適値	図形の変形
No.21	数的推理	速さ	確率	確率
No.22	数的推理	規則性	整数（約数と倍数）	比と割合
No.23	数的推理	暦算	速さ	速さ
No.24	数的推理	三平方の定理	相似	整数（演算）
No.25	数的推理	n 進法	n 進法	比と割合
No.26	資料解釈	表	表	表
No.27	資料解釈	表・グラフ	グラフ	特殊なデータ

FILE 2 国家公務員一般職

資料解釈の出題傾向

　例年、3問の出題で、最近は、表が1問、グラフが2問の出題となっています。表、グラフとも割と一般的なタイプが主流で、面倒な計算はあまり多くはありません。ただ、データの見方や選択肢の判断に少し頭を使う問題も多く、たまに「ひっかけ」のようなものもあります。難易度は標準レベルが中心ですが、たまに易しい問題もあれば難問もあり、幅が広いです。

2020〜2022年の数的処理出題項目

番号	科目	2022年出題項目	2021年出題項目	2020年出題項目
No.12	判断推理	その他の推理	命題と論理	命題と論理
No.13	判断推理	位置関係	対応関係	対応関係
No.14	判断推理	順序関係	位置関係	その他の推理
No.15	判断推理	順序関係	順序関係	順序関係
No.16	判断推理	対応関係	数量条件からの推理	試合
No.17	判断推理	数量条件からの推理	数量条件からの推理	その他の推理
No.18	空間把握	一筆書き	パズル問題	折り紙
No.19	空間把握	立体の切断	正多面体	パズル問題
No.20	数的推理	確率	確率	場合の数
No.21	数的推理	速さ	整数（約数と倍数）	速さ（流水算）
No.22	数的推理	面積の最大値	三平方の定理	最適値
No.23	数的推理	規則性	整数（文章題）	平均算
No.24	数的推理	プログラミング	整数（約数と倍数）	比と割合
No.25	資料解釈	表	グラフ	グラフ
No.26	資料解釈	グラフ	グラフ	表
No.27	資料解釈	グラフ	表	表・グラフ

FILE 3 国家公務員専門職

資料解釈の出題傾向

　例年、3問の出題で、年度によって異なりますが、表とグラフがバランスよく出題されています。総合職、一般職と同様に、計算より考える力を優先する傾向にありますが、一般職よりやや面倒な問題が多く、データのボリュームや複雑さなどは総合職に近いレベルといえます。

2020〜2022年の数的処理出題項目

番号	科目	2022年出題項目	2021年出題項目	2020年出題項目
No.12	判断推理	集合算	集合算	命題と論理
No.13	判断推理	その他の推理	位置関係	位置関係
No.14	判断推理	位置関係	対応関係	順序関係
No.15	判断推理	その他の推理	順序関係	数量条件からの推理
No.16	判断推理	順序関係	その他の推理	その他の推理
No.17	判断推理	その他の推理	試合（トーナメント戦）	位置関係
No.18	空間把握	パズル問題	パズル問題	移動と軌跡
No.19	空間把握	図形の推理	正多面体	展開図
No.20	数的推理	確率（期待値）	確率	利益算
No.21	数的推理	比と割合	濃度	体積比
No.22	数的推理	剰余系	整数（数式）	比と割合
No.23	数的推理	数列	三平方の定理	確率（反復試行）
No.24	数的推理	その他の文章題	平均算	剰余系
No.25	資料解釈	表	グラフ	特殊なデータ
No.26	資料解釈	グラフ	表	表
No.27	資料解釈	特殊なデータ	表	表・グラフ

FILE 4 裁判所職員総合職・一般職

▶ 資料解釈の出題傾向

例年、1問の出題で、表の出題が多いですが、2020年はグラフが出題されました。他試験と比べると少し変わった題材のデータが多いですが、**内容は標準的で面倒な計算もほとんどありません。**

▶ 2020～2022年の数的処理出題項目

番号	科目	2022年出題項目	2021年出題項目	2020年出題項目
No.11	判断推理	命題と論理	命題と論理	命題と論理
No.12	判断推理	規則性	試合	集合算
No.13	判断推理	真偽の推理	操作手順	真偽
No.14	判断推理	順序関係	その他の推理	順序関係
No.15	判断推理	暦算	順序関係	試合（リーグ戦）
No.16	判断推理	場合の数	順序関係	てんびん問題
No.17	判断推理	場合の数	数量条件からの推理	図形の個数
No.18	空間把握	円の回転	投影図	移動と軌跡
No.19	空間把握	サイコロ	パズル問題	サイコロ
No.20	空間把握	立体の切断	円の回転	投影図
No.21	数的推理	整数	数列	比と割合
No.22	数的推理	利益算	仕事算	剰余系
No.23	数的推理	速さ	比と割合	確率
No.24	数的推理	三角形の内心	濃度	場合の数
No.25	数的推理	確率	角の二等分線の定理	三平方の定理
No.26	数的推理	場合の数	確率	円の定理
No.27	資料解釈	表	表	グラフ

FILE 5 東京都Ⅰ類Ａ・Ｂ

▶ 資料解釈の出題傾向

　例年、4問（新方式は5問）の出題で、以下の4パターンが定位置で出題されています。

　　　No.17　実数の棒グラフ
　　　No.18　増加率の折れ線グラフ
　　　No.19　構成比の帯グラフ
　　　No.20　表と増加率の折れ線グラフの組合せ

　いずれも同じタイプのデータで、選択肢も同じような内容で出題されていますので、受験される方は、過去問を最低でも3年分まとめて解いて、データと選択肢の特徴と難易度を確認してください。そして、得意なタイプから順番を決め、本番ではその順に解くことをお勧めします。

　選択肢で問われることは、割と一般的な内容ばかりですが、やや面倒な計算が必要になることが多く、難易度は標準からややハイレベルとなっています。

▶ 2020～2022年の数的処理出題項目（東京都Ⅰ類Ｂ一般方式）

番号	科目	2022年出題項目	2021年出題項目	2020年出題項目
No.9	判断推理	集合算	集合算	集合算
No.10	判断推理	場合の数（最短経路）	順序関係	試合（リーグ戦）
No.11	判断推理	確率	確率	確率
No.12	判断推理	操作手順	場合の数	その他の推理
No.13	数的推理	比と割合	整数（文章題）	速さ（通過算）
No.14	数的推理	濃度	整数（演算）	三平方の定理
No.15	数的推理	相似	図形の面積	図形の変形
No.16	数的推理	数列	魔方陣	角度
No.17	資料解釈	グラフ	グラフ	グラフ
No.18	資料解釈	グラフ	グラフ	グラフ
No.19	資料解釈	グラフ	グラフ	グラフ
No.20	資料解釈	グラフ	グラフ	グラフ
No.21	空間概念	一筆書き	パズル問題	図形の分割（数列）
No.22	空間概念	展開図	図形の変形	展開図
No.23	空間概念	移動と軌跡（長さ）	投影図	正多面体
No.24	空間概念	移動と軌跡（面積）	移動と軌跡	円の回転

FILE 6　特別区Ⅰ類

▶ 資料解釈の出題傾向

　例年、4問の出題で、ここ数年は以下のようなパターンで出題されています。
　　No.21　実数の表
　　No.22　増加率または構成比の表
　　No.23　実数の棒グラフ
　　No.24　構成比の円グラフ

　東京都と同様に、それぞれのタイプで選択肢の内容も同じようなことがきかれていますので、過去問の研究が必須です。受験される方は、最低3年分の過去問を解いて、傾向と難易度を見極め、どのタイプから解くか順番を決めておきましょう。

　傾向も東京都同様、内容は単純ですが面倒な計算が多く、ときどき易しい問題もありますが、No.24の円グラフは難問の場合が多いです。

▶ 2020～2022 年の数的処理出題項目

番号	科目	2022 年出題項目	2021 年出題項目	2020 年出題項目
No.10	判断推理	試合（トーナメント）	試合（リーグ戦）	試合（リーグ戦）
No.11	判断推理	暗号	暗号	暗号
No.12	判断推理	数量条件からの推理	対応関係	順序関係
No.13	判断推理	真偽の推理	位置関係	真偽の推理
No.14	判断推理	その他の推理	命題と論理	位置関係
No.15	判断推理	位置関係	整数（約数と倍数）	順序関係（暦算）
No.16	数的推理	円の定理	三平方の定理	相似・三平方の定理
No.17	数的推理	循環小数	整数（約数と倍数）	整数（約数）
No.18	数的推理	速さ	速さ	速さ（流水算）
No.19	数的推理	仕事算（比）	確率	仕事算
No.20	数的推理	不等式	平均算	文章題（計算問題）
No.21	資料解釈	表	表	表
No.22	資料解釈	表	表	表
No.23	資料解釈	グラフ	グラフ	グラフ
No.24	資料解釈	グラフ	グラフ	グラフ
No.25	空間把握	展開図	数列	立体の切断（面積）
No.26	空間把握	パズル問題	トポロジー	パズル問題
No.27	空間把握	投影図	サイコロ	投影図
No.28	空間把握	移動と軌跡（面積）	移動と軌跡	移動と軌跡

FILE 7 地方上級（6月実施）・市役所A日程

▶ 資料解釈の出題傾向

　例年、全国型、関東型、中部北陸型、市役所A日程とも、1問の出題（共通問題）ですが、地方によって独自問題が追加されるケースもあるようです。共通問題の1問は、以前は個性的なグラフが多く、出題形式も穴埋めなど変わったタイプが多かったのですが、ここ数年は、棒グラフと折れ線グラフの基本的なデータで、出題形式も一般的な5肢の正誤を求めるタイプが中心になっています（Unit4〜7に掲載）。いずれにしても、難易度は基本から標準レベルで、面倒な計算はほとんどありません。

▶ 2020〜2022年の数的処理出題項目

番号	科目	2022年出題項目	2021年出題項目	2020年出題項目
No.34	判断推理	集合算	命題と論理	集合算
No.35	判断推理	順序関係	順序関係	試合（トーナメント）
No.36	判断推理	その他の推理	位置関係	位置関係
No.37	判断推理	対応関係	対応関係	数量条件からの推理
No.38	判断推理	数量条件からの推理	最適値	その他の推理
No.39	空間把握	場合の数（経路）	パズル問題	投影図
No.40	空間把握	軌跡と移動	円の回転	展開図
No.41	空間把握	図形の面積	移動と軌跡	円弧の長さ
No.42	空間把握	投影図	図形の推理	図形の変化
No.43	数的推理	図形の推理	立体図形の表面積	場合の数
No.44	数的推理	整数（文章題）	場合の数	確率
No.45	数的推理	魔方陣	比と割合	整数（演算）
No.46	数的推理	整数（文章題）	整数（文章題）	数量条件からの推理
No.47	数的推理	比と割合	比と割合	整数（整数解）
No.48	数的推理	ニュートン算	速さ	平均算
No.49	数的推理	速さ（旅人算）	速さ	速さ
No.50	資料解釈	グラフ	グラフ	グラフ

FILE 8 警視庁Ⅰ類（警察官）

▶ 資料解釈の出題傾向

　例年、2問の出題で、表とグラフが1問ずつでしたが、2022年は2問とも表が出題されています。以前は基本的な問題が多かったのですが、近年は、問題に使われるデータも複雑化しており、ややレベルが上がっている印象です。ただ、聞かれている内容は割と単純で、特にひっかけはないですが、やや面倒な計算が必要になることもあります。

▶ 2020～2022年の数的処理出題項目（4月実施1回目試験※）

番号	科目	2022年出題項目	2021年出題項目	2020年出題項目
No.34	判断推理	試合（リーグ戦）	命題と論理	命題と論理
No.35	判断推理	位置関係	数量条件からの推理	対応関係
No.36	判断推理	順序関係	真偽の推理	試合（数量条件）
No.37	判断推理	対応関係	対応関係	数量条件からの推理
No.38	判断推理	操作手順	位置関係	その他の推理
No.39	数的推理	真偽の推理	三平方の定理	集合算
No.40	数的推理	仕事算	平行線と相似	円の定理
No.41	空間概念	円弧の長さ	正多面体	立体の表面積
No.42	数的推理	立体の切断	場合の数	正多面体
No.43	空間概念	展開図	移動と軌跡	立体の切断
No.44	数的推理	図形の面積	立体の体積比	立体の体積比
No.45	数的推理	比と割合	平均算	比と割合
No.46	数的推理	魔方陣	ニュートン算	方程式
No.47	数的推理	濃度	剰余系	確率
No.48	数的推理	年齢算	確率	整数
No.49	資料解釈	表	グラフ	表
No.50	資料解釈	表	表	グラフ

※2020年の1回目試験は中止のため、7月実施2回目試験の項目を掲載しています。
※科目名は2022年のものを示しています。

FILE 9 ▸ 東京消防庁Ⅰ類（消防官）

▶ **資料解釈の出題傾向**

　2017 年に、それまでの 3 問から 5 問に増え、以降、5 問の出題が続いており、表とグラフがバランスよく出題されています。出題数とともに難易度もやや上昇傾向にあり、少し面倒な計算が必要な問題が多くなってきています。

▶ **2020～2022 年の数的処理出題項目（1 回目）**

番号	科目	2022 年出題項目	2021 年出題項目	2020 年出題項目
No.9	判断推理	命題と論理	命題と論理	命題と論理
No.10	判断推理	順序関係	集合算	対応関係
No.11	判断推理	操作手順	対応関係	順序関係
No.12	判断推理	集合算	試合（リーグ戦）	暗号
No.13	空間概念	立体の切断	展開図	パズル問題
No.14	空間概念	パズル問題	立体の切断	サイコロ
No.15	数的推理	速さ	三平方の定理	整数（文章題）
No.16	数的推理	n 進法	円の定理	速さ
No.17	数的推理	剰余系	速さ	相似・円の定理
No.18	数的推理	仕事算	整数（数式）	数列
No.19	資料解釈	表	グラフ	表
No.20	資料解釈	グラフ	グラフ	表
No.21	資料解釈	グラフ	グラフ	グラフ
No.22	資料解釈	表	表	グラフ
No.23	資料解釈	表	表	グラフ

⯈⯈ 出典の補足

国家総合職	大卒、院卒区分の共通問題です。
国家Ⅰ種	現行の「国家総合職」に該当します（2011年まで）。
国家一般職	大卒区分の問題です。
国家Ⅱ種	現行の「国家一般職（大卒）」に該当します（2011年まで）。
国税専門官	現行の「国家専門職」に該当します（2011年まで）。
裁判所職員	総合職、一般職の共通問題です。
地方上級	全国型、中部北陸型、関東型、市役所A日程の共通問題です。 ※本試験を受験された方の情報をもとに復元したもので、表現などは実際の問題と異なる場合があります。
警視庁Ⅰ類	警察官採用試験の問題です。
東京消防庁Ⅰ類	消防官採用試験の問題です。

問題の右上にある出典の表記について、
ちょこっと補足しておくね。

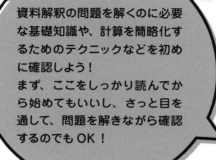

資料解釈の問題を解くのに必要な基礎知識や、計算を簡略化するためのテクニックなどを初めに確認しよう！
まず、ここをしっかり読んでから始めてもいいし、さっと目を通して、問題を解きながら確認するのでもOK！

基本事項

①分数の比較

分数は、分子が大きいほど大きく、分母が大きいほど小さくなるので、次のように「分数の大小関係」は分子、分母の大きさで判断できます。

分母が等しいなら、分子が大きいほうが大きい ⇒ $\dfrac{12}{17} > \dfrac{11}{17}$

分子が等しいなら、分母が小さいほうが大きい ⇒ $\dfrac{11}{15} > \dfrac{11}{16}$

分子が大きく分母が小さいなら、分数は大きい ⇒ $\dfrac{13}{18} > \dfrac{12}{19}$

また、片方の分数が分子、分母とも大きいときは、それぞれの割合を比較し、分子のほうの割合が大きければ大きく、分母のほうの割合が大きければ小さくなります。

例）

割り算した値の大小を比較するときに便利に使えるよ！

②かけ算の比較

「A × a」と「B × b」の大小を、AとB、aとbを比較して判断します。

i）A ＜ B，a ＜ bのとき　⇒　（A × a）＜（B × b）

> 例）　　　　500　×　0.5　　…ア
> 　　1.1 倍↓　　　　↓ 1.2 倍
> 　　　　　　550　×　0.6　　…イ

　この場合、ア＜イと判断でき、さらに、アに対してイは、1.1 × 1.2 = 1.32（倍）であることがわかります。

ii）A ＜ B，a ＞ bのとき　⇒　割合の大小で判断します。

> 例）　　　　500　×　0.6　　…ア
> 　　1.1 倍↓　　　　↑ 1.2 倍
> 　　　　　　550　×　0.5　　…イ

　この場合、前者の「1.1 倍」より後者の「1.2 倍」のほうが割合が大きいので、ア＞イと判断できます。

> 割り算やかけ算はイチイチ計算していると時間が無くなるから、こういうテクニックを使って大小を比較するといいね。
> 足し算と引き算はざっくりでいいから暗算で判断するようにしよう！

▨▨▨ ③割合（比率）

割合と比率は同じ意味で、一般に「全体に対してどれくらいを占めるか」、あるいは「あるものに対してどれくらいの大きさか」を表します。

ここでいう「全体」や「あるもの」などの比べる対象（A）に対して、そのもの（B）の割合（比率）は、$\dfrac{B}{A}$ で表せます。

また、単に「A：B」という比の形で表す場合もあります。

例）　男性 300 人、女性 200 人の集団の場合

　　　男女の比（比率）　⇒　男性：女性＝ 3：2

　　　女性に対する男性の割合　⇒　$\dfrac{3}{2}$　（＝ 1.5，150％など）

　　　全体に対する女性の割合　⇒　$\dfrac{2}{5}$　（＝ 0.4，4 割，40％など）

参考）　1 割＝$\dfrac{1}{10}$＝ 0.1　　　　1 分＝$\dfrac{1}{100}$＝ 0.01

　　　　1 厘＝$\dfrac{1}{1000}$＝ 0.001　　1 ％＝$\dfrac{1}{100}$＝ 0.01

④対前年比・増加率（増減率・伸び率）・減少率

　たとえば、前年から今年にかけて、200 → 240 と増加した場合、「対前年比」は、$\frac{240}{200} = 1.2$（＝ 120%）と表します。

　この場合、前年からの増加量は 240 − 200 ＝ 40、これの前年の値に対する比率が「対前年増加率」で、$\frac{40}{200} = 0.2$（＝ 20%）と表します。

　すなわち、対前年比から 1 を引いた値（1.2 − 1 ＝ 0.2）が対前年増加率で、対前年比が大きければ、対前年増加率も大きくなります。

　また、たとえば、前年から今年にかけて、200 → 180 と減少した場合、「対前年比」は、$\frac{180}{200} = 0.9$（＝ 90%）で、「対前年増加率」は、$\frac{180 - 200}{200} = -0.1$（＝ −10%）となり、「増加率 −10%」または「減少率 10%」と表します。

⑤パーセント・ポイント

　たとえば、「50%」から「10%増加」するといくらになるか、というと、「60%」と答える方もいらっしゃるでしょう。しかし、「50%」の 10% は、50 × 0.1 ＝ 5 ですから、10% 増加すると「55%」となります。

　また、50% から 60% に増加した場合、この増加幅の 10% を表すときは、一般に「10 ポイント」または「10% ポイント」といいます。

ニュースとかで聞くよね。「内閣支持率が○ポイント上がった」とかね。

　すなわち、次のようになります。

```
50%から 10%増加   →   55%
50%から 10 ポイント増加   →   60%
```

⑥増加率の計算

たとえば、A～Eの対前年増加率について、次のようなデータがあります。

	2022 年	2023 年
A	80%	90%
B	20%	40%
C	8%	5%
D	−8%	−5%
E	15%	−2%

Aについて、2021 年を 100 としたときの 2022 年の値は、100 の 80％である 80 を上乗せして 180 となりますが、これは、$100 \times (1 + 0.8) = 180$ と計算でき、さらに 2023 年の値は、$180 \times (1 + 0.9) = 342$ となります。

このように、ある年から見てその数年後の値は、「1 ＋増加率」を順にかけることによって比較でき、A～Eそれぞれについて、2021 年を 100 とした 2023 年の値は次のアのようになります。

> ア)「1 ＋増加率」をかけた値
> A　$100 \times (1 + 0.8) \times (1 + 0.9) = 342.0$
> B　$100 \times (1 + 0.2) \times (1 + 0.4) = 168.0$
> C　$100 \times (1 + 0.08) \times (1 + 0.05) = 113.4$
> D　$100 \times (1 - 0.08) \times (1 - 0.05) = 87.4$
> E　$100 \times (1 + 0.15) \times (1 - 0.02) = 112.7$

しかし、実際にこのような計算を何年分も行うのは、かなり面倒です。

そこで、2021 年を 100 として、これに 2022，2023 年の増加率（％）を足した値を、次のイのように計算してみましょう。

イ）増加率（％）を足した値
A　100 ＋ 80 ＋ 90 ＝ 270
B　100 ＋ 20 ＋ 40 ＝ 160
C　100 ＋ 8 ＋ 5 ＝ 113
D　100 － 8 － 5 ＝ 87
E　100 ＋ 15 － 2 ＝ 113

アと比較すると、その「誤差」は、次のようになり、A以外はさほど気にならない程度とわかります。

A　72　　　B　8　　　C　0.4　　　D　0.4　　　E　0.3

すなわち、2022 年の増加率を x ％、2023 年の増加率を y ％とすると、2021 年を 100 としたときの 2020 年の値は、

$$
\begin{aligned}
\text{ウ）}\quad & 100 \times \left(1 + \frac{x}{100}\right) \times \left(1 + \frac{y}{100}\right) \\
= & 100 \times \left(1 + \frac{x}{100} + \frac{y}{100} + \frac{xy}{10000}\right) \\
= & 100 + x + y + \frac{xy}{100}
\end{aligned}
$$

となり、「100 ＋ x ＋ y」（イの値）との差は、最後の「$\frac{xy}{100}$」で、これが「誤差」の部分となります。

したがって、Aのように x, y がかなり大きい数値なら、この「誤差」も大きくなり、無視できないので、アのように計算しなければなりませんが、Bくらいだと、イの計算より「少し多め」のところと判断でき、C〜Eについては、イの計算だけでほとんど判断できます。

大きい値だとある程度の概算でも大丈夫だからね！

ただし、何年分もとなれば、誤差も積み重なって大きくなるでしょうから、イの計算（足し算）の値に、「やや多め」「やや少なめ」という加減を考慮しな

がら、判断する必要があります。

ここで、「多め」「少なめ」についてですが、増加率にはマイナス（減少）も あり、「誤差」である「$\dfrac{xy}{100}$」と、増加率 $x,\ y$ の符号について、次のように 確認できます。

x	y	$\dfrac{xy}{100}$
+	+	+
−	−	+
+	−	−

すなわち、$x,\ y$ がともにプラス（増加→増加）、ともにマイナス（減少→ 減少）のときは、「誤差」はプラスなので「やや多め」に、プラスとマイナス（増 加→減少、または減少→増加）のときは、「誤差」はマイナスなので「やや少 なめ」と判断でき、次のようになります。

増加→増加　⇒　増加率を足し算して、少し多めにする
減少→減少　⇒　減少率を引き算して、少し多めにする
増加→減少　⇒　増減率を足し引きして、少し少なめにする

これについて、C〜Eをウ式に代入して、次のように確認できます。

C　$100 + 8 + 5 + 0.4 = 113.4$
D　$100 - 8 - 5 + 0.4 = 87.4$
E　$100 + 15 - 2 - 0.3 = 112.7$

CとEは、増加率を足し算（引き算）した値はともに 13% で同じですが、 Cは「増加→増加」なので、これより多く、Eは「増加→減少」なので、こ れより少なくなることから、C＞Eという判断もできることになります。

たとえば、A〜Dの生産量について次のようなデータがあります。

	A	B	C	D
2022 年	100	40	50	60
2023 年	150	60	90	75

それぞれにおいて、2022 年 → 2023 年の増加率を計算すると、次のようになります。

> 2022 年 → 2023 年の増加量を 2022 年の値で割るんだ!

A $\dfrac{150-100}{100} \times 100 = 50$（%）　　B $\dfrac{60-40}{40} \times 100 = 50$（%）

C $\dfrac{90-50}{50} \times 100 = 80$（%）　　D $\dfrac{75-60}{60} \times 100 = 25$（%）

ここで、Aに対する、B，C，Dそれぞれの比率を、2022 年と 2023 年で次のように比較してみましょう。

　　　　　　　　　　　　　（2022 年）　　　　　（2023 年）

Aに対するBの比率 $\left(\dfrac{B}{A}\right)$　$\dfrac{40}{100} \times 100 = 40$(%) → $\dfrac{60}{150} \times 100 = 40$(%)

Aに対するCの比率 $\left(\dfrac{C}{A}\right)$　$\dfrac{50}{100} \times 100 = 50$(%) → $\dfrac{90}{150} \times 100 = 60$(%)

Aに対するDの比率 $\left(\dfrac{D}{A}\right)$　$\dfrac{60}{100} \times 100 = 60$(%) → $\dfrac{75}{150} \times 100 = 50$(%)

　Aに対するBの比率は、2022 年，2023 年とも変わらず 40% ですが、これは、AとBの増加率が同じだからです。つまり、A（分母）が 100 → 150 と 1.5 倍になり、B（分子）も 40 → 60 と 1.5 倍になったので、$\dfrac{B}{A}$ の値は変わらず、AとBは同じ比率を保つことになります。

　これに対して、Aに対するCの比率は 50% → 60% と大きくなりますが、これは、AよりもCのほうが、増加率が大きいためです。A（分母）が 1.5 倍に

なり、C（分子）が 1.8 倍になったので、$\dfrac{C}{A}$ の値、つまり、A に対する C の比率は大きくなるわけです。

そうすると、A に対する D の比率について、60% → 50% と小さくなっているのは、A より D のほうが、増加率が小さいからとわかるでしょう。A が 1.5 倍に、D が 1.25 倍になったので、$\dfrac{D}{A}$ の値、つまり、A に対する D の比率は小さくなるわけです。

以上より、一般に次のように、「○に対する△の比率」そのものが不明でも、増加率の大小で、比率が大きくなるか小さくなるかという判断だけならできることになります。

不明だから「判断できない」としないように気をつけて！

> X の増加率 ＝ Y の増加率　⇒　X に対する Y の比率は同じ
> X の増加率 ＜ Y の増加率　⇒　X に対する Y の比率は大きくなる
> X の増加率 ＞ Y の増加率　⇒　X に対する Y の比率は小さくなる

増加率の問題は、⑥，⑦のテクニックを使いこなせると、速く解けることが多いよね？

ここで、けっこう差がつくよね！

⑧三角グラフ

　たとえば、図の点Pについて、項目 a の構成比は頂点Aを 100%、底辺BC を 0%としてみると、30%と読み取れます。

　また、項目 b の構成比は、Bをてっぺんとした向きで見ると、頂点Bを 100%、底辺ACを 0%として 50%、同様に、項目 c の構成比は 20%と読み取れます。

　3 項目の構成比の合計は、どこに点を取っても 100%となります。

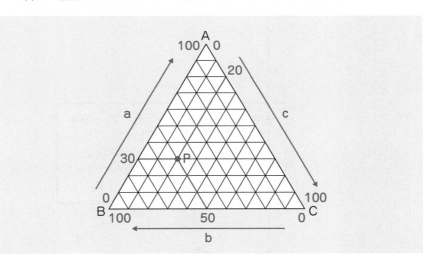

資料解釈は慣れることが大事だから、基本
レベルから徐々に難易度を上げていこう！
「目標時間」は、本番にかける時間を想定
したものだから、答えが出たらそこで OK！
でも、残る肢も、後で必ず確認してね。

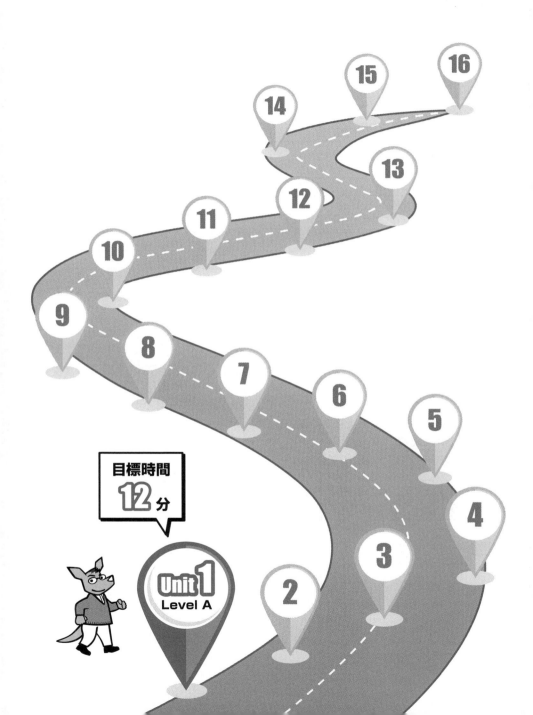

目標時間
12 分

Unit **1**
Level A

次の表は、海外在留の学齢児童生徒の人数をまとめたものであるが、この表から正しくいえるものはどれか。

海外在留の学齢児童生徒数

在留地域	2007 年	2008 年	2009 年	2010 年
アジア	22,801	23,827	23,322	25,626
オセアニア	2,900	2,370	2,230	2,124
北米	19,443	21,045	21,493	22,922
中南米	1,277	1,318	1,349	1,299
ヨーロッパ	11,277	11,234	11,512	13,864
中近東	760	813	934	901
アフリカ	651	645	648	582
合計	59,109	61,252	61,488	67,318

1. 表中のいずれの年においても、アジアの人数はオセアニアの人数の 10 倍を超えている。
2. 2008 年～2010 年のいずれにおいても、北米の人数の対前年増加率は 5％を超えている。
3. 2008 年～2010 年のいずれにおいても、合計の人数の対前年増加率は 3％を超えている。
4. 2008 年～2010 年について、ヨーロッパの人数が前年より増えている年は、中南米の人数も前年より増えている。
5. 表中のいずれの年においても、アジア・北米・ヨーロッパの人数の合計が全体の 90％以上を占めている。

まずは、カンタンな問題から！「いずれにおいても」といわれたら、例外を探せばいいよね！

肢1 2007年について、オセアニアの人数2,900の10倍は29,000ですから、アジアの人数22,801はこれを超えていません。

肢2 あまり増えていない年に着目すると、北米の2008年→2009年は、21,045 → 21,493で増加数は500にも満たず、21,045の5%には及びません。

20,000の5%でも1,000だからね！

	肢1	肢2		肢4
在留地域	2007年	2008年	2009年	2010年
アジア	22,801	23,827	23,322	25,626
オセアニア	2,900	2,370	2,230	2,124
北米	19,443	21,045	21,493	22,922
中南米	1,277	1,318	1,349	1,299
ヨーロッパ	11,277	11,234	11,512	13,864
中近東	760	813	934	901
アフリカ	651	645	648	582
合計	59,109	61,252	61,488	67,318

肢3

肢3 合計の2008年→2009年は、61,252 → 61,488で増加数は300にも満たず、61,252の1%にも及びません。

肢4 2009年→2010年について、ヨーロッパの人数は増えていますが、中南米の人数は減っています。

肢5 アジア・北米・ヨーロッパの合計が90%を超えるということは、その他の4地域の合計が10%に満たないことになります。この4地域（次表の色付き部分）の合計をざっくりと計算してみると、いずれも合計の10%に届かないことがわかるでしょう。

「10%」は1桁減らすだけだから、「90%」よりわかりやすいでしょ!?

　　よって、本肢は正しくいえます。

在留地域	2007年	2008年	2009年	2010年
アジア	22,801	23,827	23,322	25,626
オセアニア	2,900	2,370	2,230	2,124
北米	19,443	21,045	21,493	22,922
中南米	1,277	1,318	1,349	1,299
ヨーロッパ	11,277	11,234	11,512	13,864
中近東	760	813	934	901
アフリカ	651	645	648	582
合計	59,109	61,252	61,488	67,318

 正解 5

きちんと計算

肢5　オセアニア，中南米，中近東，アフリカの合計
　　　2007年　2,900 + 1,277 + 760 + 651 = 5,588
　　　2008年　2,370 + 1,318 + 813 + 645 = 5,146
　　　2009年　2,230 + 1,349 + 934 + 648 = 5,161
　　　2010年　2,124 + 1,299 + 901 + 582 = 4,906

　下の表は、平成 21 年から 25 年までのある地域の主な出火原因別火災件数をまとめたものである。この表から判断できることとして、最も妥当なのはどれか。

年　　　　　主な出火原因	21 年	22 年	23 年	24 年	25 年
放火	441	394	339	259	250
たばこ	201	185	183	157	177
てんぷら油	104	89	85	79	71
火遊び	27	31	53	36	46
ガスこんろ・レンジ	77	65	61	92	86

1．主な出火原因による火災合計件数は、25 年は 21 年に対し 2 割以上減少した。
2．主な出火原因による火災合計件数は、22 年以降前年に対し連続して減少している。
3．たばこが出火原因の火災件数は、22 年以降前年に対し連続して減少している。
4．火遊びが出火原因の火災件数は、この 5 年間で 25 年が最も多い。
5．主な出火原因を火災件数の多い順にみると、21 年から 25 年まで同じ順で変わらない。

> 肢 1，2 は、ざっくり足し算して確かめてみて！ 肢 3 〜 5 はカンタンだから、時間かけないようにね。

肢 1　21 年と 25 年の合計を計算すると、次のようになります。

　　（21 年）　441 ＋ 201 ＋ 104 ＋ 27 ＋ 77 ＝ 850
　　（25 年）　250 ＋ 177 ＋ 71 ＋ 46 ＋ 86 ＝ 630

　　これより、21 年 → 25 年の減少数は、850 － 630 ＝ 220 で、これは、850 の 2 割を上回ります。
　　よって、2 割以上減少しており、本肢は妥当です。

ざっくりと概算しても、200 以上減っているのはわかるよね!?

主な出火原因 ＼ 年	21 年	22 年	23 年	24 年	25 年
放火	441	394	339	259	250
たばこ	201	185	183	157	177
てんぷら油	104	89	85	79	71
火遊び	27	31	53	36	46
ガスこんろ・レンジ	77	65	61	92	86

肢 2　24 年の合計を計算すると、次のようになります。

　　（24 年）　259 + 157 + 79 + 36 + 92 = 623

　　　肢 1 の計算より、25 年の合計は 630 ですから、24 年 → 25 年は減少していません。

肢 3　たばこの 24 年 → 25 年は、157 → 177 で、減少していません。

肢 4　火遊びの 25 年は 46 で、23 年は 53 ですから、最も多いのは 25 年ではありません。

主な出火原因 ＼ 年	21 年	22 年	23 年	24 年	25 年
放火	441	394	339	259	250
たばこ	201	185	183	157	177
てんぷら油	104	89	85	79	71
火遊び	27	31	53	36	46
ガスこんろ・レンジ	77	65	61	92	86

肢 5　21 年 〜 23 年は、てんぷら油 > ガスこんろ・レンジでしたが、24 年以降は、てんぷら油 < ガスこんろ・レンジとなり、順位が変わっています。

正解　1

　下のグラフは、A〜D4社の年間販売額の推移を、対前年指数でまとめたものである。このグラフから判断できることとして、最も妥当なのはどれか。

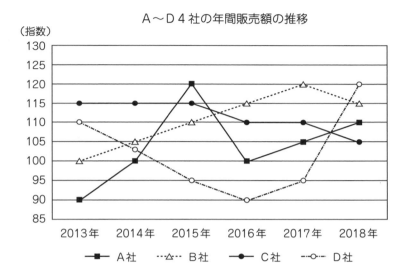

A〜D4社の年間販売額の推移

1. 2012年から2018年までの間で、A社の年間販売額が最も多いのは2015年である。
2. 2013年から2017年まで、B社の年間販売額の増加額は等しい。
3. 2013年から2015年まで、C社の年間販売額は増減していない。
4. 2012年から2018年までの間で、D社の年間販売額が最も少ないのは2016年である。
5. 2013年におけるA社の年間販売額を100とすると、2015年におけるA社の年間販売額は120である。

指数100より上だと前年より増加、100より下だと前年より減少ね。次ページの図のように、100の線を太線にするとわかりやすいよ。

肢 1 A 社の対前年指数は、2016 年は 100 ですから、2015 年と同額で、2017 年は 105 ですから、さらに 5％上回っています。

　　よって、最も多いのは 2015 年ではありません。

肢 2 B 社の 2013 年の販売額を 100 とすると、2014 年の対前年指数は 105 ですから、販売額も 105 で、**増加額は 5 です**。

　　そうすると、<u>2015 年の対前年指数は 110 ですから、前年より 10％の増加で、増加額は 10.5 となり</u>、2014 年と等しくはなりません。

　　また、2016 年は 15％、2017 年は 20％、前年より増えており、増加額は年々上がっているとわかります。

> グラフが、「2013 年を 100 とした指数」であれば、毎年 5 ずつ増えているんだけど、ここでは、「前年を 100 とした指数」なので、同じにはならないよね。

肢 3 C 社の 2014 年と 2015 年の対前年指数はいずれも 115 ですから、前年より 15％ずつ増加しています。

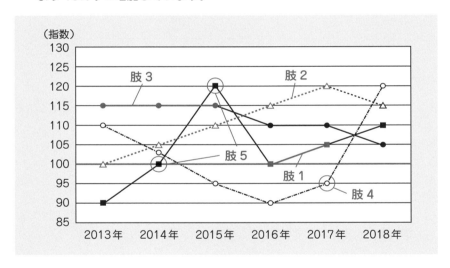

肢 4 D 社の 2017 年の対前年指数は 95 ですから、前年より 5％減少しています。

　　よって、2016 年より **2017 年のほうが少ない**とわかります。

肢 5 A 社の 2014 年の対前年指数は 100 ですから、2013 年と同額で、販売額は 100 となります。そうすると、2015 年の対前年指数は 120 ですから、販売額は 120 となり、本肢は妥当です。

正解 ▶ 5

次の図表は、地域ブロックごとの県内総生産の合計、および中国ブロック各県の県内総生産の割合を示している。これらの図表から判断できることとして、最も妥当なのはどれか。

地域ブロック	県内総生産の合計 （百億円）
北海道・東北	5,777
関東	19,066
中部	7,253
近畿	7,547
中国	2,744
四国	1,300
九州	4,634
全国	48,321

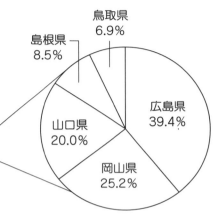

1. 中国ブロックの県内総生産の合計は、全国の10％以上を占めている。
2. 岡山県と山口県の県内総生産の差は、1兆円未満である。
3. 山口県，島根県，鳥取県の県内総生産の合計は、四国ブロックの県内総生産よりも多い。
4. 山口県の県内総生産は、6兆円未満である。
5. 広島県の県内総生産は、全国の3％以上を占めている。

中国ブロックだけは各県の構成比が与えられているから、「中国ブロックの合計×構成比」で各県の県内総生産もわかるよね。

肢2のように、金額を確認するようなときは単位を見る必要があるけど、資料解釈の主な仕事は比較することだよね。比較だけなら、単位は揃っていればOKなので、解説では、基本的に単位は省略するからね。

肢1 中国ブロックの合計は 2,744 で、全国 48,321 の 10％には及びません。

肢2 岡山県は中国ブロックの 25.2％、山口県は 20.0％ですから、その差は中国ブロックの 5.2％に当たります。
中国ブロックの合計は 2,744（百億円）なので、その 5.2％は 100（百億円）＝ 1 兆円を超えますね。

> 2,000 の 5％で 100 だからね！

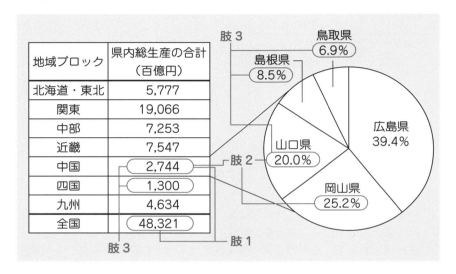

肢3　鳥取県
6.9%

島根県
8.5%

広島県
39.4%

山口県
20.0%

岡山県
25.2%

地域ブロック	県内総生産の合計（百億円）
北海道・東北	5,777
関東	19,066
中部	7,253
近畿	7,547
中国	2,744
四国	1,300
九州	4,634
全国	48,321

肢2　肢3　肢1

肢3 中国ブロックに占める山口県，島根県，鳥取県の合計は、20.0 ＋ 8.5 ＋ 6.9 ＝ 35.4（％）ですから、$\frac{1}{3}$ 強ですね。

中国ブロックの合計 2,744 の $\frac{1}{3}$ 強では 1,000 にも足りませんので、四国ブロックの 1,300 を上回ることはありません。

肢4 山口県は中国ブロック 2,744（百億円）の 20.0％ですから、600（百億円）＝ 6 兆円には足りません。
よって、本肢は妥当です。

> 10％で 274.4 だから、その 2 倍と考えればすぐにわかるよね。

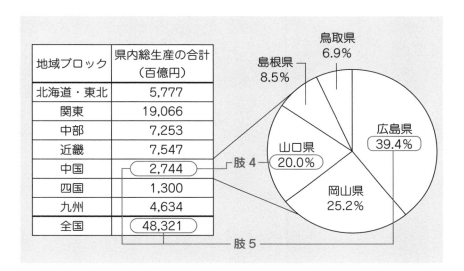

地域ブロック	県内総生産の合計 （百億円）
北海道・東北	5,777
関東	19,066
中部	7,253
近畿	7,547
中国	2,744
四国	1,300
九州	4,634
全国	48,321

鳥取県 6.9%
島根県 8.5%
広島県 39.4%
山口県 20.0%
岡山県 25.2%

肢4
肢5

肢5 全国 48,321 の 3％は、48,000 × 0.03 = 1,440 以上ですから、中国ブロック 2,744 の半数を上回ります。しかし、広島県は中国ブロックの39.4％しかありませんので、明らかに及びません。

 正解▶ 4

4問を解くのにかかった時間を記録しておこう！ 2回目でどれくらい時間短縮できたか、わかるようにね。

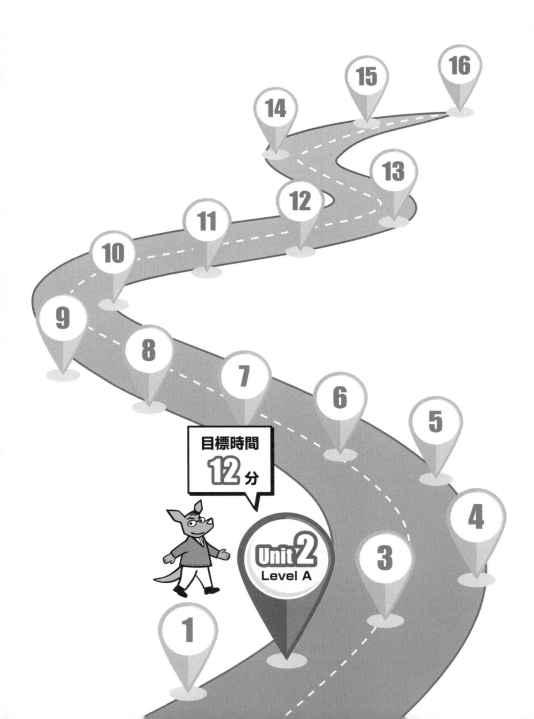

目標時間
12 分

Unit 2
Level A

次の表は、我が国のバターの輸入量の推移について、輸入相手国別の構成比を示したものである。この表から確実にいえることとして、最も妥当なのはどれか。

(単位：%)

	平成24年度	平成25年度	平成26年度	平成27年度	平成28年度
オーストラリア	18.0	8.9	4.6	3.2	3.6
ニュージーランド	45.0	68.8	58.6	65.3	47.6
アメリカ	9.1	5.2	9.4	0.4	0.1
オランダ	26.2	10.8	20.9	13.0	25.3
ドイツ	0.4	0.1	4.5	9.5	14.1
その他	1.3	6.2	2.0	8.6	9.3
合計	100.0 (10,836)	100.0 (4,386)	100.0 (14,189)	100.0 (13,913)	100.0 (12,860)

(注)( )内の数値は、バターの輸入量の合計(単位：t)を示す。

1. 平成26年度のニュージーランドからの輸入量は、前年度のそれの2倍を上回っている。
2. 平成25年度以降のオーストラリアからの輸入量は毎年度減少している。
3. 表中の全年度のオランダからの輸入量を合計しても10,000tに満たない。
4. 平成25年度のアメリカからの輸入量は、平成28年度のオーストラリアからの輸入量よりも多い。
5. 平成28年度のドイツからの輸入量は、前年度のそれと比べると1,000t以上増加している。

> それぞれの輸入額は、その年度の合計×構成比で求められるからね。

肢1 26年のニュージーランドは、14,189×58.6％で、7,000を上回ります。一方、前年度のそれは、4,386×68.8％で、3,500に及びません。
　　よって、前者は後者の2倍を上回り、本肢は妥当です。

14,189の半分以上だからね。

肢2 オーストラリアの25年→26年について、次のように比較できます(基本事項②)。

5,000×70％で3,500だからね。

	（25年）	4,386	×	8.9%
		↓3倍以上		↑2倍未満
	（26年）	14,189	×	4.6%

よって、25年＜26年とわかり、26年は前年度より減少していません。

（単位：%）

	平成24年度	平成25年度	平成26年度	平成27年度	平成28年度
オーストラリア	18.0	8.9	4.6	3.2	3.6
ニュージーランド	45.0	68.8	58.6	65.3	47.6
アメリカ	9.1	5.2	9.4	0.4	0.1
オランダ	26.2	10.8	20.9	13.0	25.3
ドイツ	0.4	肢1 0.1	4.5	肢2 9.5	14.1
その他	1.3	6.2	2.0	8.6	9.3
合計	100.0	100.0	100.0	100.0	100.0
	(10,836)	(4,386)	(14,189)	(13,913)	(12,860)

肢3

肢3 各年度のオランダを、明らかにわかる範囲で確認してみます。

（24年）	10,836 × 26.2%	→	2,600以上
（25年）	4,386 × 10.8%	→	400以上
（26年）	14,189 × 20.9%	→	2,800以上
（27年）	13,913 × 13.0%	→	1,600以上
（28年）	12,860 × 25.3%	→	3,000以上

頭1, 2桁どうしの
かけ算でわかる範囲
で確認しよう！
28年は、25%＝$\frac{1}{4}$
だからね。

これを合計すると、10,000を超えることがわかります。

肢4 25年のアメリカと28年のオーストラリアを、次のように比較します。

	（25年アメリカ）	4,386	×	5.2%
		↓2倍以上		↑2倍未満
	（28年オーストラリア）	12,860	×	3.6%

よって、28 年のオーストラリアのほうが多いとわかりますね。

肢5 ドイツの 27 年は、13,913 × 9.5％で、これは 1,000 以上あります。一方、28 年は、12,860 × 14.1％で、これは 2,000 に及びません。

よって、28 年は前年より 1,000 以上の増加はしていません。

肢2と同じパターンだね。このデータは、25 年の合計が極端に少ないので、わかりやすいかも！

(単位：％)

	平成24年度	平成25年度	平成26年度	平成27年度	平成28年度
オーストラリア	18.0	8.9	4.6	3.2	3.6
ニュージーランド	45.0	68.8	58.6	65.3	47.6
ア メ リ カ	9.1	5.2	9.4	0.4	肢4 0.1
オ ラ ン ダ	26.2	10.8	20.9	13.0	25.3
ド イ ツ	0.4	肢4 0.1	4.5	9.5	14.1
そ の 他	1.3	6.2	2.0	肢5 8.6	9.3
合 計	100.0 (10,836)	100.0 (4,386)	100.0 (14,189)	100.0 (13,913)	100.0 (12,860)

正解 ▶ 1

きちんと計算

肢3　24 年　10,836 × 26.2％ ≒ 2,839
　　　25 年　4,386 × 10.8％ ≒ 474
　　　26 年　14,189 × 20.9％ ≒ 2,966
　　　27 年　13,913 × 13.0％ ≒ 1,809
　　　28 年　12,860 × 25.3％ ≒ 3,254
　　　合計　2,839 ＋ 474 ＋ 2,966 ＋ 1,809 ＋ 3,254 ＝ 11,342

肢5　27 年　13,913 × 9.5％ ≒ 1,322
　　　28 年　12,860 × 14.1％ ≒ 1,813
　　　増加数　1,813 － 1,322 ＝ 491

　図Ⅰ，図Ⅱ，図Ⅲは、ある地域における音楽コンサート（以下「音楽」という。）と舞台パフォーマンス（以下「舞台」という。）の公演回数の推移、音楽と舞台の市場規模の推移、音楽と舞台のジャンル別市場規模構成比をそれぞれ示したものである。これらから確実にいえることとして最も妥当なのはどれか。

図Ⅰ　音楽と舞台の公演回数の推移（2012 ～ 2019 年）

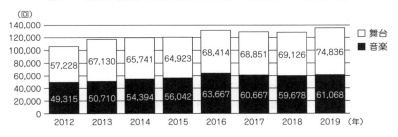

図Ⅱ　音楽と舞台の市場規模の推移（2012 ～ 2019 年）

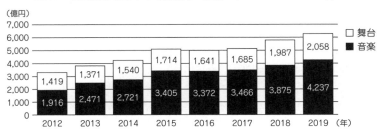

図Ⅲ　音楽と舞台のジャンル別市場規模構成比（2019 年）

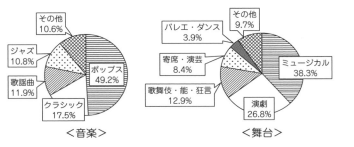

1. 2013～2019年の「音楽」と「舞台」の合計をみると、公演回数が前年より増加している年では、市場規模も前年より増加している。

2. 2013～2019年の「舞台」の公演回数のうち、対前年増加率が5％を超える年は、1年のみである。

3. 2012年に対する2019年の市場規模の増加率は、「音楽」の方が「舞台」よりも大きい。

4. 2019年についてみると、「ポップス」の市場規模は「ミュージカル」の市場規模の4倍よりも多い。

5. 2019年の「音楽」におけるジャンル別市場規模をみると、「クラシック」の方が「歌謡曲」よりも300億円以上多い。

> 図が3つもあるので、ちょっと複雑に見えるけど、選択肢の内容はけっこうカンタン！

肢1 2016年の公演回数は前年より増加していますが、**市場規模は減少して**います。

肢2 「舞台」の公演回数の2015年→2016年は、64,923→68,414で、<u>3,400以上増加して</u>おり、これは、64,923の5％を上回ります。

64,923の10％で6,492.3 だから、5％だとその半分で3,200ちょいだよね。

また、2018年→2019年も、69,126→74,836で、5,000以上増加しており、やはり増加率は5％を上回ります。
よって、1年のみではありません。

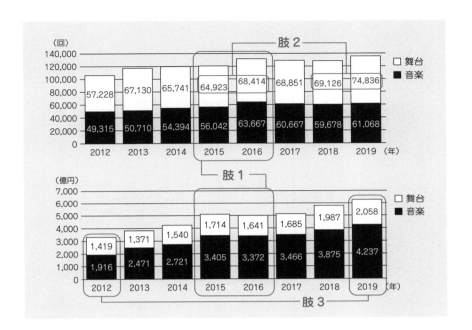

肢3 2012年 → 2019年の市場規模において、「舞台」は1,419 → 2,058 で
2倍まで増えていませんが、「音楽」は1,916 → 4,237で2倍以上です。
　　　よって、増加率は「音楽」のほうが大きく、本肢は確実にいえます（基
本事項④）。

肢4 2019年の「ポップス」の市場規模は <u>4,237 ×</u>
<u>49.2％</u>で、これは <u>2,200 に及びません</u>。一方、
「ミュージカル」のそれは、<u>2,058 × 38.3％</u>で、
<u>これは 600 を超えます</u>。
　　　よって、前者は後者の4倍には及びません。

4,237の半分に満た
ないからね。

2,058の $\frac{1}{3}$ 以上ある
でしょ！

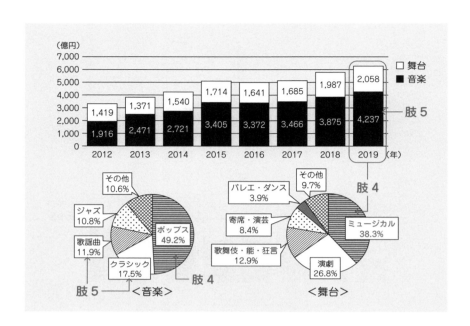

肢 5 2019年の「クラシック」と「歌謡曲」の市場規模構成比の差は、17.5 − 11.9 = 5.6（％）ですから、その金額は 4,237 × 5.6％ となり、これは 300（億円）には足りません。

 正解 3

下の表は、世界を 6 つの地域に区分したときの 1990 年の人口と、1990 年の人口に対する 2000 年の人口の比率及び 2000 年の人口に対する 2010 年の人口の比率をまとめたものである。この表から判断できることとして、最も妥当なのはどれか。

	1990 年の人口 （百万人）	2000 年の人口 1990 年の人口	2010 年の人口 2000 年の人口
ア ジ ア	3,202	1.16	1.12
北アメリカ	430	1.14	1.11
南アメリカ	298	1.17	1.13
ヨーロッパ	721	1.01	1.01
ア フ リ カ	632	1.29	1.28
オセアニア	27	1.15	1.16
世　　　界	5,310	1.15	1.13

1. 2000 年の南アメリカの人口は 4 億人を超えている。
2. 2000 年において、ヨーロッパの人口はアフリカの人口を上回っている。
3. 世界の人口に占めるオセアニアの人口の割合は、1990 年よりも 2010 年の方が高くなっている。
4. 2000 年と比較して 2010 年の人口の増加数が最も多いのはアフリカである。
5. 2000 年から 2010 年にかけての北アメリカの人口の増加数は 5,000 万人に満たない。

1990 年の人口に比率をかけると、2000 年，2010 年の人口も求められるよね！

1990 年の人口に対する 2000 年の人口の比率を A、2000 年の人口に対する 2010 年の人口の比率を B とします。

肢1　2000 年の南アメリカは、1990 年の人口 × A = 298 × 1.17 で、これは 400 に及ばず、400（百万人）= 4 億人を超えません。

肢2　同様に、2000 年のヨーロッパは、721 × 1.01 で、これは 730 に及びません。

721 の 1% = 7.21 しか増えていないからね。

　一方、アフリカは、632 × 1.29 で、800 を超えます。

632 の 29% で 180 くらい増えているね。

　よって、アフリカのほうが多いです。

肢3　1990 年の人口に対する 2010 年の人口の比率は「A × B」で求められ、オセアニアと世界の「A × B」を比較すると、次のようになります。

（オセアニア）　　　　　（世界）
1.15 × 1.16　　＞　　　1.15 × 1.13

　これより、オセアニアの 1990 年に対する 2010 年の比率（増加率）は、世界のそれを上回っていますので、基本事項⑦より、世界に占めるオセアニアの比率は 1990 年より 2010 年のほうが高くなっています。
　よって、本肢は妥当です。

	1990 年の人口（百万人）	2000 年の人口 / 1990 年の人口	2010 年の人口 / 2000 年の人口
ア ジ ア	3,202	1.16	1.12
北アメリカ	430	1.14	1.11
南アメリカ	肢1—298	1.17	1.13
ヨーロッパ	肢2—721	1.01	1.01
	632	1.29	1.28
オセアニア	27	1.15	1.16 —肢3
世　　界	5,310	1.15	1.13

肢4　2000 年のアフリカは、肢2より、800 をやや超えますが、900 には及びません。一方、同年のアジアは、3,202 × 1.16 で、3,600 以上あ

増加率ではなく「増加数」なので、気をつけてよ！

50

ります。

また、2000年に対する2010年の増加率は、アフリカは28%、アジアは12%ですから、増加数は次のように比較できます（基本事項②）。

（2010年アフリカ）	900 未満	×	28%
	↓4倍以上		↑3倍未満
（2010年アジア）	3,600 以上	×	12%

よって、アジアのほうが多く、増加数が最も多いのは、アフリカではありません。

肢5 2000年の北アメリカは、430 × 1.14 で、これは500近くありますね。2000年に対する2010年の増加率は11%ですから、増加数は500 × 11% = 55（百万人）= 5,500万人近くで、5,000万人を上回ります。

	1990年の人口 （百万人）	2000年の人口 1990年の人口	2010年の人口 2000年の人口	
ア ジ ア	3,202	1.16	1.12	
北アメリカ	肢5—430	1.14	1.11	
南アメリカ	298	1.17	1.13	肢4
ヨーロッパ	721	1.01	1.01	
ア フ リ カ	632	1.29	1.28	
オセアニア	27	1.15	1.16	
世　　界	5,310	1.15	1.13	

|||正解 ▶ 3

きちんと計算

肢4　アフリカの増加数　　632 × 1.29 × 28% ≒ 228.3
　　　アジアの増加数　　　3,202 × 1.16 × 12% ≒ 445.7

肢5　430 × 1.14 × 11% ≒ 53.9

次の図表は、A～Fの6つの地域における発電量について、「水力」,「火力」,「原子力その他」に分類して、地域ごとの発電量に占める割合を三角図表に示したものである。この図表から判断できることとして、最も妥当なのはどれか。

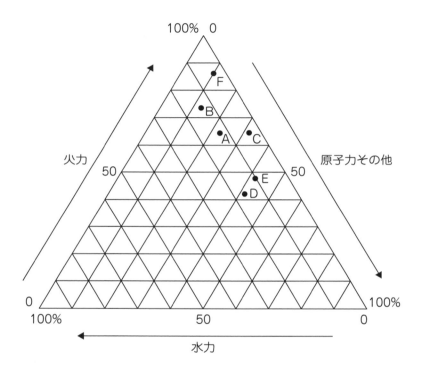

1. 「原子力その他」の占める割合が最も高い地域はFである。
2. すべての地域において「水力」の占める割合は20%を下回っている。
3. Dの「原子力その他」の占める割合は、Aのそれを下回っている。
4. Eの「水力」の占める割合は、Bの「原子力その他」の占める割合を上回っている。
5. 「水力」,「火力」,「原子力その他」の占める割合の最大値と最小値の差が最も小さい地域はAである。

三角グラフは見方がわかればカンタンな問題が多いよ。まずは、基本事項⑧を確認して！

肢1　Fの「原子力その他」の占める割合は約10％で、6つの中で最も低い地域です（基本事項⑧）。

肢2　「水力」の割合の20％ラインは次図の①で、6地域いずれもこれより低い範囲にあり、いずれも20％を下回っているとわかります。
　　　　よって、本肢は妥当です。

肢3　「原子力その他」の占める割合は、Aが約23％、Dが約41％で、DはAを上回っています。

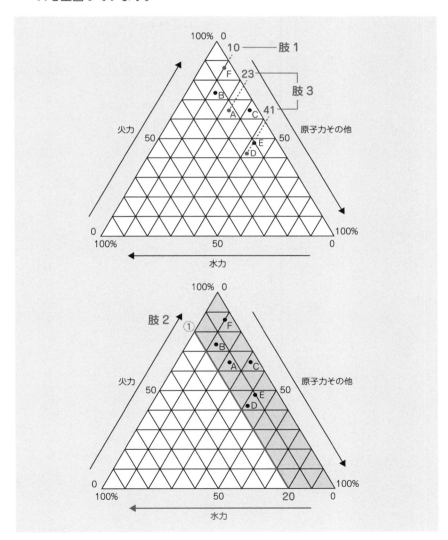

肢4　Eの「水力」の占める割合は約10%、Bの「原子力その他」は約13%で、前者は後者を下回っています。

肢5　Aの「水力」、「火力」、「原子力その他」の占める割合は、それぞれおよそ、13%、64%、23%で、最大値と最小値の差は50%以上になります。

　一方、たとえばDのそれは、17%、42%、41%で、差は30%未満となり、最も差が小さいのはAではありません。

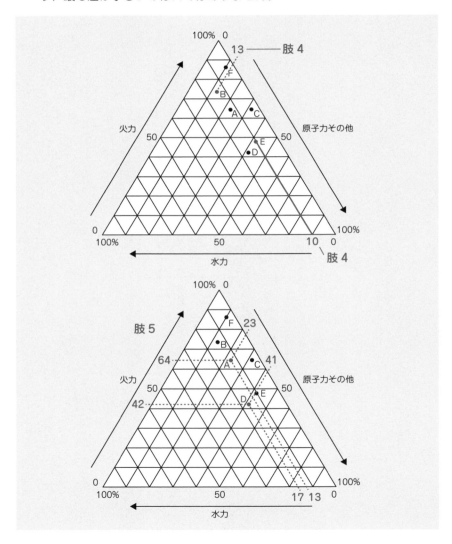

三角グラフって難しいイメージがあったけど、そうでもないね。

変わったグラフってあまり計算しなくてすむ問題が多いしね。

memo

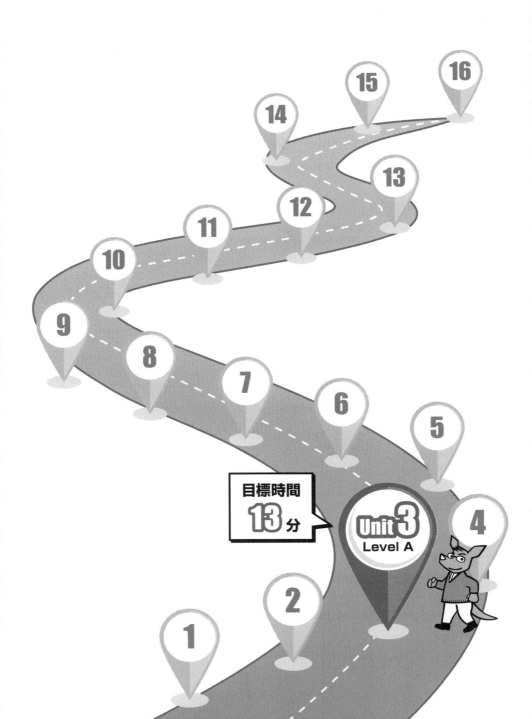

目標時間
13分

Unit 3
Level A

16

15

14

13

12

11

10

9

8

7

6

5

4

3

2

1

　下のグラフは、全国の国公立及び私立大学の学部学生約 1 万人を対象に行った 1 日の読書時間に関するアンケート調査の結果を表したものである。このグラフからいえることとして最も妥当なものはどれか。

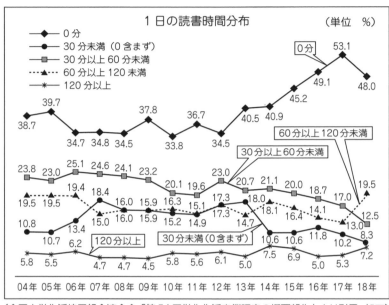

1 日の読書時間分布　　　（単位　％）

（全国大学生活協同組合連合会「第 54 回学生生活実態調査の概要報告」より引用・加工）

1. 1 日の読書時間が 120 分以上の学生は 2013 年から 2018 年までの 6 年間を合計すると、4,000 人を上回っている。
2. 1 日の読書時間が 0 分の学生についてみると、図中で割合が最も多い年は最も少ない年の 1.5 倍以上である。
3. 2016 年は、1 日の読書時間が 30 分未満（0 含まず）の学生と 30 分以上 60 分未満の学生を合わせると 3,500 人を上回っている。
4. 2010 年における 1 日の読書時間が 0 分の学生の人数を指数 100 としたとき、同年の 1 日の読書時間が 60 分以上 120 分未満の学生の人数の指数は 45 を下回っている。
5. 1 日の読書時間が 60 分以上 120 分未満の学生についてみると、2007 年は対前年増減率では 44％ 減である。

> グラフはごちゃごちゃしてるけど、難しくはないよ。聞かれているところを丁寧に探してみて！

肢1 アンケートの対象は約1万人ですから、4,000人は約40％に当たります。これより、2013年から2018年の「120分以上」を累計すると、<u>5.0 ＋ 7.5 ＋ 6.9 ＋ 5.0 ＋ 5.3 ＋ 7.2 ＝ 36.9</u> となり、40％に及ばず、4,000人を上回りません。

6年間の累計で40％なら、1年の平均は約6.6％なので、これに及ばないとわかれば計算の必要はなし！でも、ちょっと微妙なので足し算してみよう！

肢2 「0分」が図中で最も少ないのは、2010年の33.8、最も多いのは2017年の53.1で、その差は20近くあり、33.8の半分以上です。
　　　すなわち、2017年は2010年の1.5倍以上で、本肢は妥当です。

肢3 2016年の「30分未満（0含まず）」と「30分以上60分未満」を合わせると、11.8 ＋ 18.7 ＝ 30.5で、約1万人の30.5％ですから、3,500人を上回りません。

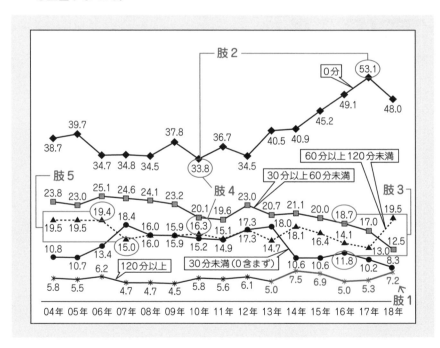

肢4 2010年の「60分以上120分未満」は16.3で、「0分」の33.8の半分弱ですから、33.8を100とした指数は50弱で、45を下回らないと判断できます。

ただ、やや微妙ですから、気になるようで
　　したら、きちんと計算したほうがいいでしょ
　　う。

肢5　「60 分以上 120 分未満」の 2006 年 →
　　　2007 年は 19.4 → 15.0 で、4.4 の減少です
　　　が、これは 19.4 の 30%にも及びません。よっ
　　　て、44%も減少していません。

「16.3 ÷ 33.8」でもいい
し、「33.8 × 0.45」を計
算して比較しても OK！

これは「10.0」の 44%だ
よね！　ひっかけのつもり
かな？

||| 正解 ▶ 2

きちんと計算

肢4　$\dfrac{16.3}{33.8} \times 100 \fallingdotseq 48.2$

下の表は、家具製造業についてまとめたものである。この表から判断できるア〜ウの記述の正誤の組合せとして、最も妥当なのはどれか。

木製家具製造業

	事業所数（件）	従業者数（人）	製造品出荷額（百万円）
2005 年	8,030	64,781	990,568
2010 年	7,868	57,402	764,598
2015 年	6,528	52,291	765,190

金属製家具製造業

	事業所数（件）	従業者数（人）	製造品出荷額（百万円）
2005 年	974	24,227	477,753
2010 年	838	15,956	329,716
2015 年	717	18,157	472,395

ア．事業所一件当たりの製造品出荷額が最も多いのは、2005 年の金属製家具製造業である。

イ．事業所一件当たりの従業者数が最も少ないのは、2010 年の木製家具製造業である。

ウ．事業所一件当たりの従業者数において、金属製家具製造業の従業者数は、どの調査年次においても木製家具製造業の従業者数の 4 倍以上である。

```
    ア    イ    ウ
1. 誤    正    正
2. 正    誤    正
3. 誤    正    誤
4. 正    正    誤
5. 正    誤    誤
```

分数の比較（基本事項①）を使って解こう。アはそこまでしなくてもわかるかな。

ア　金属製家具製造業（以下「金属製」）の 2005 年の「製造品出荷額÷事業所数」を、2015 年のそれと次のように比較します（基本事項①）。

分子の差 477,753 － 472,395 は 5,000 ～ 6,000 で、これは 472,395 の 1%ちょっとです。

一方、分母の差は 974 － 717 ＝ 257 で、これは 717 の 3 割以上です。

472,395 の 1% は、4,723.95 だからね。

（2005 年）　1.01 倍ちょっと　（2015 年）

$$\frac{477,753}{974} \quad < \quad \frac{472,395}{717}$$

1.3 倍以上

これより、2005 年 ＜ 2015 年とわかり、最も多いのは 2005 年ではありませんので、アは誤です。

肢 1，3 に絞られたね。本番だと、イはとばしていいかな。

木製家具製造業

	事業所数（件）	従業者数（人）	製造品出荷額（百万円）
2005 年	8,030	64,781	990,568
2010 年	7,868	57,402	ウ　764,598
2015 年	6,528	52,291	765,190

イ

金属製家具製造業

	事業所数（件）	従業者数（人）	製造品出荷額（百万円）
2005 年	974	24,227	477,753
2010 年	838	15,956 ウ	329,716
2015 年	717	18,157	472,395

ア　　　　　　　　　　　　　　　ア

イ　「従業者数÷事業所数」について見ると、木製家具製造業（以下「木製」）はいずれの年も 10 未満ですが、金属製はいずれの年も 10 以上ですから、木製の 3 か年を比較します。

まず、2005 年と 2010 年について、次のように比較します。

分子の差 64,781 － 57,402 は 7,000 以上で、これは 57,402 の 1 割以上

です。

　一方、分母の差 8,030 − 7,868 は 200 に及ばず、これは 7,868 の 1 割未満です。

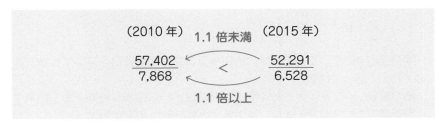

（2005 年）　1.1 倍以上　（2010 年）

$$\dfrac{64,781}{8,030} \quad > \quad \dfrac{57,402}{7,868}$$

1.1 倍未満

　よって、2005 年 > 2010 年とわかります。

　次に、2010 年と 2015 年について、同様に比較します。

　分子の差 57,402 − 52,291 は 5,200 に及ばず、これは 52,291 の 1 割未満です。

　一方、分母の差 7,868 − 6,528 は 1,300 以上で、これは 6,528 の 1 割以上です。

（2010 年）　1.1 倍未満　（2015 年）

$$\dfrac{57,402}{7,868} \quad < \quad \dfrac{52,291}{6,528}$$

1.1 倍以上

　よって、2010 年 < 2015 年とわかり、この 3 か年で最も少ないのは 2010 年ですから、イは正です。

ウ　たとえば、2010 年について見ると、木製の「従業者数÷事業所数」は、57,402 ÷ 7,868 で、これは 7 以上あります。

　一方、金属製のそれは、15,956 ÷ 838 で、これは 20 未満ですから、木製の 4 倍には及びません。

　よって、ウは誤です。

他の 2 か年についても、4 倍以上の年はないよ。

以上より、正解は肢 3 です。

次の図から確実にいえるのはどれか。

関東地方における都県別肉用牛
及び豚の飼養頭数の対前年増加率の推移

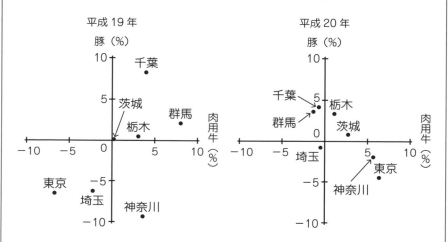

1. 平成20年において、千葉県の肉用牛及び豚の飼養頭数は、いずれも前年のそれを下回っている。

2. 栃木県についてみてみると、平成19年及び平成20年の各年とも、肉用牛の飼養頭数の対前年増加率は、豚の飼養頭数のそれより大きい。

3. 埼玉県，東京都及び神奈川県についてみてみると、平成20年において、それぞれの肉用牛及び豚の飼養頭数は、いずれも前年のそれを上回っている。

4. 平成20年における群馬県の豚の飼養頭数に対する肉用牛の飼養頭数の比率は、平成19年におけるそれの比率を下回っている。

5. 平成18年における茨城県の肉用牛及び豚の飼養頭数の指数をそれぞれ100としたとき、平成20年におけるそれらの指数は、いずれも110を上回っている。

> グラフの見方がわかればカンタンな問題！ 牛と豚の増加率のプラス、マイナスの組合せで、グラフは4つの領域に分かれるんだよね。

肢1 20年の千葉県の、豚の対前年増加率はプラスで、前年を上回っています。

肢2 20年の栃木県の対前年増加率は、牛が約1.0%、豚が約3.5%の増加で、牛＜豚です。

　　なお、牛と豚の増加率の大小は、次図の直線（牛の増加率 ＝ 豚の増加率）より<u>左上が牛＜豚で、右下が牛＞豚</u>となります。

> どっちが牛＜豚とかは、適当な点の（牛，豚）を読み取れば、確認できるよね。

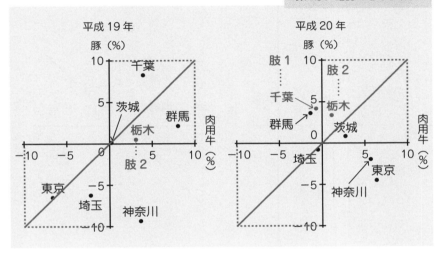

肢3 20年の、東京都と神奈川県の豚の対前年増加率はマイナスで、埼玉県については、牛，豚ともマイナスで、前年を下回っています。

肢4 20年の群馬県の対前年増加率は、牛はマイナスですが、豚はプラスなので、牛の増加率＜豚の増加率です。

これより、20年の豚に対する牛の比率は、19年のそれを下回っており、本肢は確実にいえます（基本事項⑦）。

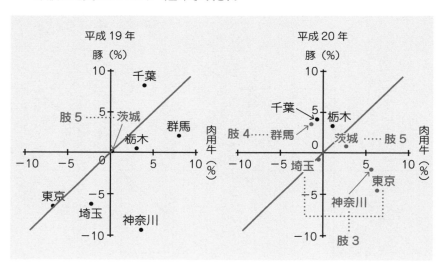

肢5 茨城県の対前年増加率は、19年は牛，豚とも0％に近く、18年とほとんど変化はありません。20年は牛が約3.0％、豚が約1.0％増加なので、18年を100としたときの20年の指数は牛が103、豚が101程度となります。

次の表から確実にいえるのはどれか。

酒類の生産量の推移

（単位　1,000 kL）

区　　　分	平成24年度	25	26	27	28
ビ　ー　ル	2,803	2,862	2,733	2,794	2,753
焼　ち　ゅ　う	896	912	880	848	833
清　　　酒	439	444	447	445	427
ウイスキー類	88	93	105	116	119
果　実　酒　類	91	98	102	112	101

1. 平成27年度のビールの生産量の対前年度増加量は、平成25年度のそれを下回っている。
2. 表中の各区分のうち、平成25年度における酒類の生産量の対前年度増加率が最も小さいのは、焼ちゅうである。
3. 平成24年度のウイスキー類の生産量を100としたときの平成26年度のそれの指数は、120を上回っている。
4. 平成25年度から平成28年度までの4年度における果実酒類の生産量の1年度当たりの平均は、10万3,000 kLを上回っている。
5. 表中の各年度とも、ビールの生産量は、清酒の生産量の6.2倍を上回っている。

肢4は、単位を確認してみて！

肢1 ビールの27年の対前年度増加量は、2,794 − 2,733 = 61 で、25年は、2,862 − 2,803 = 59 ですから、前者のほうが大きく、27年は25年を下回っていません。

肢2 24年 → 25年で、焼ちゅうは、896 → 912 で、16増加しています。一方、清酒について見ると、439 → 444 で、5増加しており、それぞれの増加率について次のように比較します（基本事項①）。

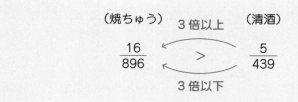

（焼ちゅう）　　3倍以上　　（清酒）

$$\frac{16}{896} \quad > \quad \frac{5}{439}$$

3倍以下

　　よって、清酒の増加率のほうが小さく、最も小さいのは焼ちゅうではありません。

肢3　24年→26年で、ウイスキー類は、88→105で、17増加していますが、これは88の20%に足りません。

　　すなわち、20%以上増加していませんので、指数は120を上回りません。

88 × 10％ = 8.8 だから、20％では、8.8 × 2 = 17.6になるよね。

肢1　　　　　（単位　1,000kL）

区　分	平成24年度	25	26	27	28
ビ　ー　ル	2,803	2,862	2,733	2,794	2,753
焼　ちゅう	896	912	肢2 880	848	833
清　　　酒	439	444	447	445	427
ウイスキー類	88	93	105	116	119
果　実　酒　類	91	98	102	112	101

肢3

肢4　4年度の果実酒類の合計は、98 + 102 + 112 + 101 = 413で、これを4で割ると103を上回ります。

　　よって、平均は103（1,000kL）= 10万3,000kLを上回り、本肢は確実にいえます。

肢5　ビールが最も少なく、清酒が最も多い26年について、確認してみます。

　　清酒447の6.2倍を計算すると、447 × 6.2 = 2,771.4となり、ビールの2,733はこれに足りません。

　　よって、26年のビールは清酒の6.2倍を上回っていません。

もちろん、2,733 ÷ 447 を計算してもいいけど、割り算よりかけ算のほうがちょっと楽でしょ!?

（単位　1,000kL）

区　　分	平成24年度	25	26	27	28
ビ　ー　ル	2,803	2,862	(2,733)	2,794	2,753
焼 ち ゅ う	896	912	880	肢5 848	833
清　　　酒	439	444	(447)	445	427
ウイスキー類	88	93	105	116	119
果 実 酒 類	91	(98	102	112	101)

肢4

正解 4

最近の若者は、あまり
ビールを飲まないらし
いねぇ…。

サボテンが心配すること
じゃないけどね…。

ちょっとずつ難しく
なるからね！

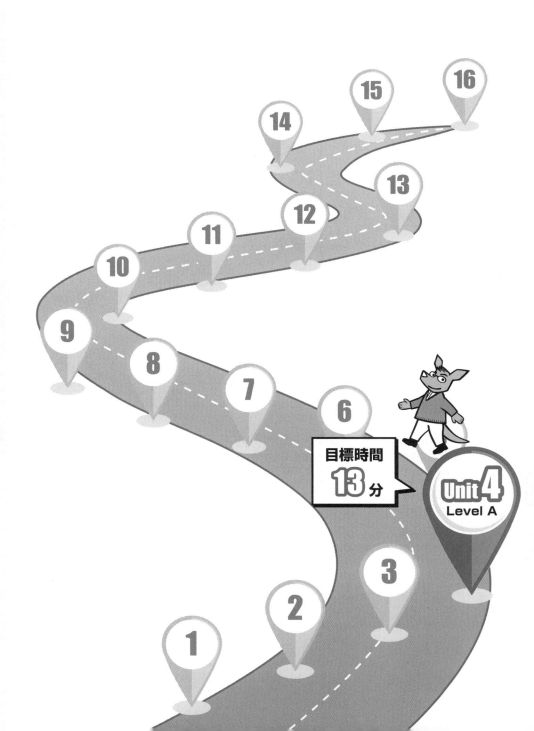

次の図から確実にいえるのはどれか。

平成17年における6道県の販売農家数の専兼業別構成比

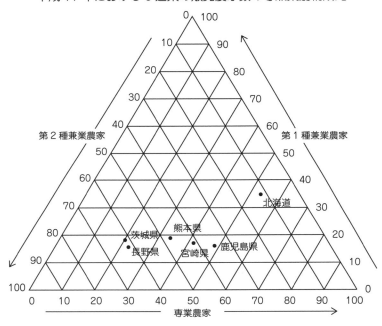

1. 図中の各道県とも、第1種兼業農家数は、専業農家数を下回っている。
2. 図中の各道県のうち、第1種兼業農家数の構成比が最も大きいのは、茨城県である。
3. 宮崎県の第2種兼業農家数は、北海道のそれの3倍を上回っている。
4. 長野県及び鹿児島県の第2種兼業農家数は、いずれもその県の第1種兼業農家数の3倍を上回っている。
5. 熊本県の専業農家数の構成比は、北海道の第2種兼業農家数のそれより小さい。

三角グラフの見方は慣れたかな!?

肢1 たとえば、図1の点Aは、第1種兼業が10%の線①
と専業が10%の線②の交点ですから、<u>ともに10%</u>とな
り、同様に、点Bはともに30%となります。

第2種兼業が
80％だね！

図1

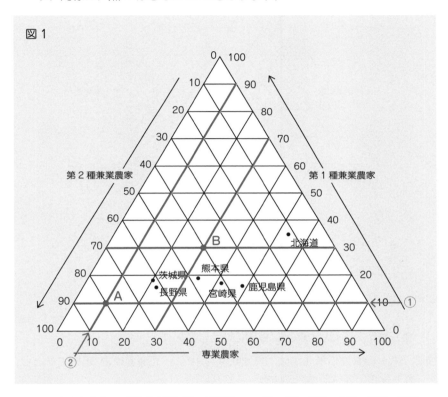

　このように、(第1種兼業, 専業) = (0, 0)(10, 10)(20, 20)…
(50, 50)となる点を取り、これらを結ぶと図2のような直線になり、こ
の直線上にあれば、<u>第1種兼業と専業の構成比が同じ</u>ですから、農家数も
同じになります。

　あとは、この直線から<u>上と下の領域の点を</u>
<u>確認</u>するとわかるように、上の領域は、第1
種兼業>専業で、下の領域は、第1種兼業<
専業となることがわかります。

たとえば、北海道は第1
種兼業が約35％、専業
が約53％と読み取れる
よね!?

図2

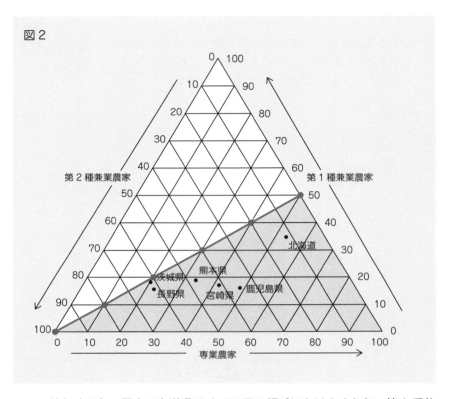

そうすると、図中の各道県はすべて下の領域にありますから、第1種兼業が専業を下回り、本肢は確実にいえます。

肢2 第1種兼業の構成比は、茨城県は約18％、北海道は約35％ですから、最も大きいのは茨城県ではありません。

肢3 図に示されているのは、それぞれの道県の専兼業別の構成比ですから、宮崎県と北海道の農家数を比較することはできません。

肢4 鹿児島県の第1種兼業の構成比は約16％、第2種兼業のそれは約35％で、後者は前者の3倍を下回ります。

肢5 熊本県の専業の構成比は約33％、北海道の第2種兼業のそれは約12％ですから、前者の方が大きいです。

次の図から確実にいえるのはどれか。

鉄道貨物の主要品目別輸送量の推移

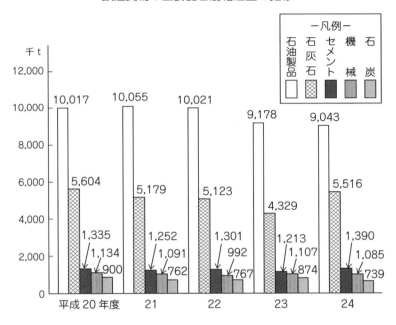

1. 平成24年度における石灰石の輸送量に対するセメントの輸送量の比率は、前年度におけるそれを上回っている。
2. 平成24年度における石炭の輸送量の対前年度減少率は、15%より大きい。
3. 平成21年度において、石灰石の輸送量の対前年度減少量は、機械のそれの10倍を上回っている。
4. 平成20年度から平成24年度までの5年度のセメントの輸送量の1年度当たりの平均は、135万tを上回っている。
5. 平成20年度の石油製品の輸送量を100としたときの平成24年度のそれの指数は、85を下回っている。

特別区でよく出題されているグラフだね。「減少率」と「減少量」を間違えないように！

肢1 23 年 → 24 年で、石灰石は 4,329 → 5,516 で、増加量は 1,100 以上あり、これは、4,329 の 2 割以上になります。一方、セメントは 1,213 → 1,390 で、増加量は 200 未満で、1,213 の 2 割に及びません。

これより、石灰石に対するセメントの比率は次のように比較できます（基本事項①）。

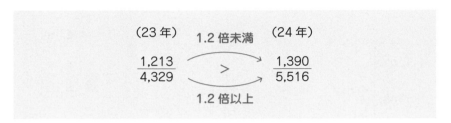

よって、24 年は 23 年を上回っていません。

肢2 23 年 → 24 年の石炭は 874 → 739 で、減少量は 135 であり、これは 874 の 15％以上です。よって、本肢は確実にいえます。

900 の 15％でちょうど 135 だからね！

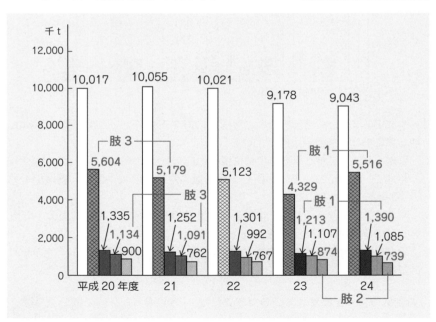

肢3 20 年 → 21 年の石灰石は 5,604 → 5,179 で、減少量は 425 です。一方、機械は 1,134 → 1,091 で、減少量は 43 ですから、石灰石は機械の 10 倍

を上回ってはいません。

肢4 20年〜24年で、セメントが135万トン＝1,350（千トン）を超えたのは24年の1,390のみで、1,350より40しか上回っていません。しかし、23年は1,213で、1,350に100以上足りませんし、その他の年度も1,350を下回っていますので、平均が1,350を上回ることはありません。

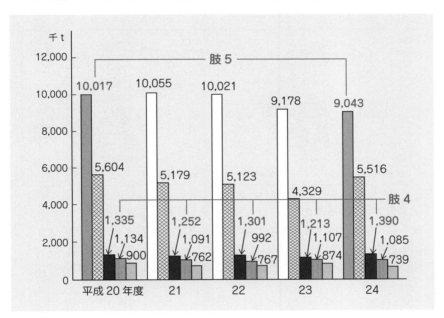

肢5 20年の石油製品は10,017で、24年のそれは9,043ですから、後者は前者の9割を超えますので、指数85を下回ることはありません。

下のグラフは、2006年と2016年における世界全体の国内総生産（GDP）の国別の構成比をまとめたものである。このグラフから判断できることとして、次のア～ウの正誤の組合せのうち、最も妥当なのはどれか。

2006年　世界全体の GDP の合計　約52兆ドル　　2016年　世界全体の GDP の合計　約76兆ドル

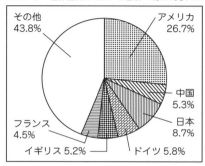
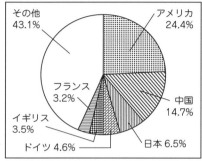

　ア　日本の 2016 年の GDP は、2006 年と比較して減少した。
　イ　2006 年から 2016 年までの GDP 増加額を比較すると、アメリカよりも日本，ドイツ，イギリス，フランスの 4 か国の合計の方が高い。
　ウ　中国の 2016 年の GDP は、2006 年と比較して 3 倍以上増加した。

```
     ア    イ    ウ
1.   正    誤    正
2.   正    正    誤
3.   誤    正    正
4.   誤    正    誤
5.   誤    誤    正
```

ア～ウの正誤の組合せを選ぶ問題ね。1 つわかったところで選択肢を絞っていけば、途中で答えが出るかもよ！

　ア　2006 年 → 2016 年で、世界全体では 52 → 76 で、24 増加しており、これは 52 の 40 ～ 50％に当たります。また、日本の構成比は 8.7 → 6.5 で、2.2 減少しており、これは 6.5 の 40％に足りませんので、次のように比較できます（基本事項②）。

（2006 年）	52	×	8.7%
	↓ 1.4 倍以上		↑ 1.4 倍未満
（2016 年）	76	×	6.5%

よって、2016 年のほうが大きく、2006 年と
比較して減少していませんので、アは誤です。

イ まず、4 か国の構成比の合計を計算します。

（2006 年）8.7 + 5.8 + 5.2 + 4.5 = 24.2（%）
（2016 年）6.5 + 4.6 + 3.5 + 3.2 = 17.8（%）

ここで、2006 年の世界全体を 100 とすると、
アメリカは 26.7、4 か国は 24.2 と表せます。
そうすると、2016 年の世界全体は、アで確
認したように、140 ～ 150 ですから、アメリカ
の 2016 年は、140 × 24.4%より大きく、これ
は 33 を超えますので、増加額は、33 − 26.7
= 6.3 より高いとわかります。
一方、4 か国の 2016 年は、150 × 17.8%よ
り少なく、これは 27 に足りませんので、増加
額は 27 − 24.2 = 2.8 より低いとわかります。
よって、増加額はアメリカのほうが高く、イは誤です。

2006 年は、アメリカの
26.7%とあまり変わらな
いけど、2016 年は 4 か
国のほうがけっこう下
がっているよね。
そうすると、増加額は多
分アメリカのほうが高い
んじゃないかな？ でいい
と思うけどね！

140 × 24 % でも、33.6
になるからね。

150 × 18 % でも、27 し
かないからね。

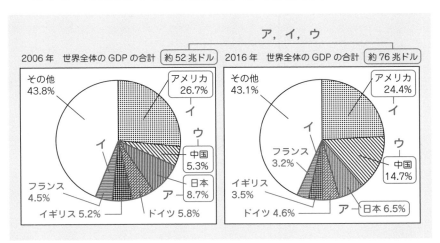

ウ 2006年 → 2016年で、世界全体は1.4倍以上になり、中国の構成比は5.3 → 14.7で、3倍近くなっていますので、これをかけ合わせると、3倍以上に増加していると判断できます。

よって、ウは正です。

以上より、正解は肢5です。

きちんと計算

ア　2006年　52 × 8.7% ≒ 4.52
　　2016年　76 × 6.5% ≒ 4.94

イ　アメリカの増加額
　　　76 × 24.4% − 52 × 26.7% ≒ 18.54 − 13.88 = 4.66
　　4か国の増加額
　　　76 × 17.8% − 52 × 24.2% ≒ 13.53 − 12.58 = 0.95

ウ　2006年　52 × 5.3% ≒ 2.76
　　2016年　76 × 14.7% ≒ 11.17
　　2006年に対する2016年の比率　11.17 ÷ 2.76 ≒ 4.05

イで、2016年のアメリカは <u>140</u> × 24.4％と表したのに、4か国のほうは <u>150</u> × 17.8％としたのは何でかな？

アメリカの増加額のほうが高いことを確かめるためだよ。
世界全体は 140 〜 150 だから、アメリカの低いほうと、4か国の高いほうを比べて、それでも、前者のほうが高ければ、確実だろ！？

なるほどね！

図は、ある国の 2020 年のパーソナルコンピューター（PC）の月別の国内出荷台数を、デスクトップ型とノート型に分けて示している。また、PC の国内出荷台数の前年同月比（前年同月を 100％とする）についても示している。この図から正しくいえることとして妥当なのはどれか。

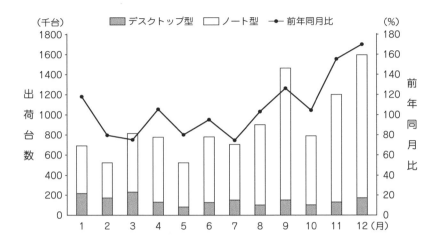

1. 2020 年において、デスクトップ型とノート型の出荷台数が最少の月はどちらも同じである。

2. 2020 年において、前年同月より減少した月が 2 ヶ月連続で続いたのは 2, 3 月のみである。

3. 2020 年の国内出荷台数の合計は 1200 万台を超えている。

4. 2020 年の 1 月と 9 月において、国内出荷台数に占めるデスクトップ型の台数の割合は、1 月は 9 月の 2 倍を超えている。

5. 2019 年の国内出荷台数において、9 月より 12 月の方が多い。

前年同月比があるから、前年の数値もわかるけど、そんなに面倒なことは聞かれてないから心配しないで！

肢1 デスクトップ型が最少なのは5月ですが、ノート型が最少なのは2月なので、同じではありません。

肢2 前年同月比が2か月連続で<u>100％を下回っている月</u>を見ると、（2月，3月）（5月，6月）（6月，7月）となり、2，3月のみではありません。

前年同月比のグラフが図の太線（右目盛100％）より下の月だよ。

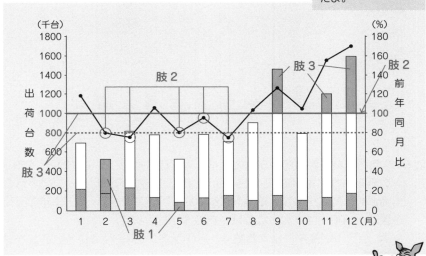

肢3 合計が1,200万台を超えるということは、月平均が100万台を超えるということなので、<u>100万＝1,000（千台）との差</u>を確認します。

肢2と同じ線（左目盛1,000千台）との差を見てね！

1,000を超えているのは、9月，11月，12月で、1,000に対してそれぞれ500，200，600程度上回っており、合わせて1,300程度の超過です。

しかし、その他の月は1,000を下回っており、1月～7月だけでも、<u>毎月200以上下回っています</u>ので、明らかに1,400以上の不足です。

3月は200よりちょっと少ないけど、まあ、いいでしょ！

よって、1,000との差は不足のほうが大きく、平均1,000を下回りますので、合計は12,000（千台）＝1,200万台を超えません。

肢4 1月の出荷台数は約700で、そのうちデスクトップ型は約200ですから、割合は30％近くあります。一方、9月の出荷台数は約1,500で、そのうちデスクトップ型は150程度ですから、割合は10％程度です。

よって、前者は後者の2倍を超えており、本肢は正しくいえます。

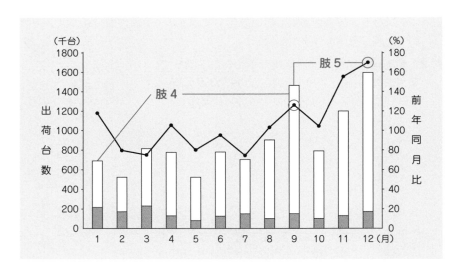

肢5 9月の出荷台数は約1,500で、前年同月比は約125%ですから、2019年の出荷台数は1,500 ÷ 1.25 = 1,200程度となります。一方、12月の出荷台数は約1,600で、前年同月比は約170%ですから、2019年の出荷台数は1,600 ÷ 1.7で、これは1,000を下回ります。

　　よって、2019年の出荷台数は、9月のほうが12月より多いとわかります。

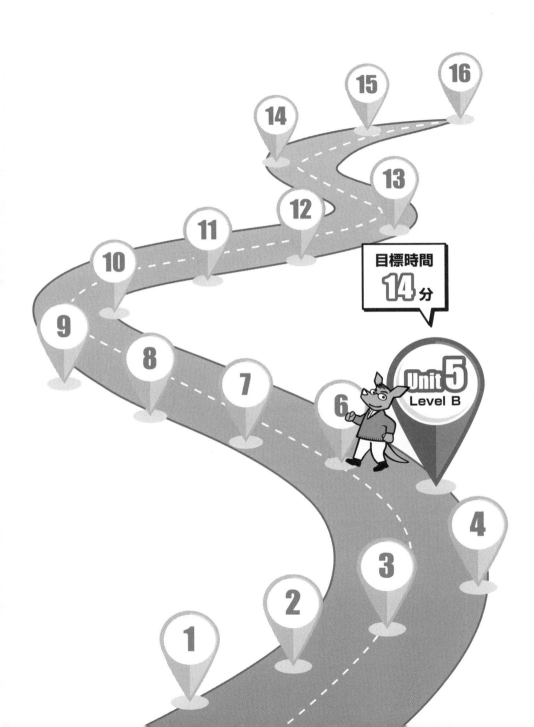

次の表は、平成26年から平成30年の媒体別広告費の推移を示したものである。この表からいえることとして、最も妥当なのはどれか。

なお、表中の総広告費の右側の括弧内の数値は、国内総生産に対する総広告費の比率（単位：％）を示している。

（単位：億円）

	総広告費	新聞・雑誌	地上波テレビ	プロモーションメディア	インターネット	その他
平成26年	61,522（1.20）	8,557	18,347	21,610	10,519	2,489
平成27年	61,710（1.16）	8,122	18,088	21,417	11,594	2,489
平成28年	62,880（1.17）	7,654	18,374	21,184	13,100	2,568
平成29年	63,907（1.17）	7,170	18,178	20,875	15,094	2,590
平成30年	65,300（1.19）	6,625	17,848	20,685	17,589	2,553

1. 平成29年の国内総生産に対する「プロモーションメディア」による広告費の比率は、平成28年のそれよりも低下している。
2. 表で示された各年の中で、「新聞・雑誌」と「その他」による広告費の合計額が最も多いのは平成30年である。
3. 平成26年から平成30年までの5年間の「インターネット」による広告費の平均額は、1兆4千億円を超えている。
4. 表で示された各年の中で、国内総生産が最も小さいのは平成27年である。
5. 平成26年の総広告費に占める「地上波テレビ」による広告費の割合と平成28年のそれを比べると、平成28年のほうが高い。

「国内総生産に対する比率」から、国内総生産も求めることができるよ。

肢1　28年と29年の「国内総生産に対する総広告費の比率」を見ると、いずれも同じ1.17％です。

そうすると、総広告費は28年 < 29年ですから、国内総生産も28年 < 29年とわかります。

一方、「プロモーションメディア」は
28 年 > 29 年ですから、<u>これの国内総生</u>
<u>産に対する比率は 28 年 > 29 年</u>となり、
29 年は 28 年より低下しています。
　よって、本肢は妥当です。

プロモ…
──────── は、28 年のほう
国内総生産

が分子は大きく母が小さ
いってことね。

肢2　「新聞・雑誌」と「その他」は、<u>いずれ</u>
<u>も 29 年 > 30 年</u>ですから、その合計額も
当然、29 年 > 30 年となり、最も多いの
は 30 年ではありません。

「新聞・雑誌」は年々 500 位
ずつ減っているけど、「その
他」はそんなに変わらないか
ら、結局、30 年が一番少ない
よね。

（単位：億円）

	総広告費	新聞・雑誌	地上波テレビ	プロモーションメディア	インターネット	その他
平成 26 年	61,522 (1.20)	8,557	18,347	21,610	10,519	2,489
平成 27 年	61,710 (1.16)	8,122	18,088	21,417	11,594	2,489
平成 28 年	62,880 (1.17)	7,654	18,374	21,184	13,100	2,568
平成 29 年	63,907 (1.17)	7,170	18,178	20,875	15,094	2,590
平成 30 年	65,300 (1.19)	6,625	17,848	20,685	17,589	2,553
	肢1	肢2		肢1	肢3	肢2

肢3　「インターネット」が、1 兆 4 千億円 = 14,000（億円）を超えているの
は、29 年の 15,094 と 30 年の 17,589 で、14,000 を超える額の合計は
1,094 ＋ 3,589 で、これは 4,700 に及びません。
　一方、26 年は 10,519 で、14,000 に 3,000 以上足りず、27 年は
11,594 で、2,000 以上足りないので、この 2 年だけで 5,000 以上足りま
せん。
　よって、14,000 に対する超過額より不足額のほうが大きいので、平均
額は 14,000 に足りません。

肢4　国内総生産については、次のように求めることができます。

　　　総広告費 ＝ 国内総生産 × 国内総生産に対する総広告費の比率
　　　　　　　　　　　　　　　⇩
　　　国内総生産 ＝ 総広告費 ÷ 国内総生産に対する総広告費の比率

これより、26年と27年を比較すると、総広告費は26年＜27年ですが、「国内総生産に対する総広告費の比率」は26年＞27年ですから、国内総生産は26年＜27年とわかります。

国内総生産の式を分数で考えると、27年のほうが分子が大きくて分母が小さいよね。

よって、最も小さいのは27年ではありません。

（単位：億円）

	総広告費 ├肢4	新聞・雑誌	地上波テレビ	プロモーションメディア	インターネット	その他
平成26年	61,522 (1.20)	8,557	18,347	21,610	10,519	2,489
平成27年	61,710 (1.16)	8,122	18,088	21,417	11,594	2,489
平成28年	62,880 (1.17)	7,654	18,374	21,184	13,100	2,568
平成29年	63,907 (1.17)	7,170	18,178	20,875	15,094	2,590
平成30年	65,300 (1.19)	6,625	17,848	20,685	17,589	2,553

肢5　　　　　　　　　　肢5

肢5　26年と28年の総広告費に占める「地上波テレビ」を次のように比較します（基本事項①）。

分子の差は18,374 − 18,347 ＝ 27で、これは18,347の1％に及びません。

一方、分母の差62,880 − 61,522は1,000以上あり、これは61,522の1％以上です。

（26年）　1.01倍未満　（28年）

$$\frac{18,347}{61,522} \quad > \quad \frac{18,374}{62,880}$$

1.01倍以上

よって、26年＞28年となり、28年のほうが低いです。

 正解　1

88

　図は、ある国のソフト市場について、ビデオソフト，音楽ソフト，ゲームソフト，コミック，書籍の 5 種類のソフトの市場規模と、各ソフト市場に占める通信系ソフト市場の割合の動向について示したものである。これからいえることとして最も妥当なのはどれか。

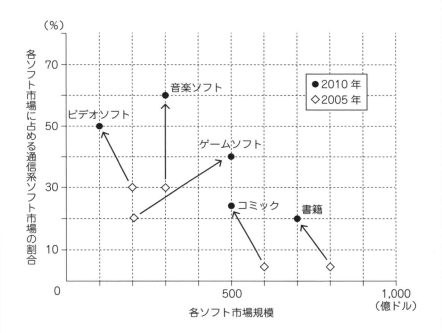

1. 5 種類のソフト市場に占める通信系ソフト市場規模の合計額は、5 年間で 4 倍以上となった。
2. 2010 年の各ソフト市場規模の合計額は、2005 年の約 1.2 倍だった。
3. 各ソフト市場に占める通信系ソフト市場規模額の増加率が 2 番目に高かったのは、コミックだった。
4. 2010 年における 5 種類のソフト市場全体に占める通信系ソフト市場の割合は、約 40％だった。
5. ビデオソフトの市場規模が減少したのは、ゲームソフトの市場規模の増加によるものである。

通信系ソフト市場規模額はどうやって求めるかな？

肢1　たとえば、ビデオソフトの2005年は、よこ軸（市場規模）が200で、たて軸（通信系ソフト市場の割合）が30％ですから、通信系ソフト市場規模額は、200 × 0.3 = 60 と計算できます。

　　同様に、5種類のソフトそれぞれの始点（2005年）と終点（2010年）の通信系ソフト市場規模額を計算すると、次のようになります。

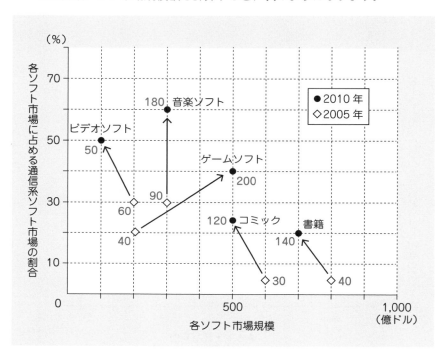

　　これより、5種類の合計は次のようになります。

（2005年）　60 + 90 + 40 + 30 + 40 = 260
（2010年）　50 + 180 + 200 + 120 + 140 = 690

　　よって、2010年は2005年の4倍には及びません。

肢2　市場規模の合計額は、よこ軸の数値の合計ですので、次のようになります。

（2005年）　200 + 300 + 200 + 600 + 800 = 2,100
（2010年）　100 + 300 + 500 + 500 + 700 = 2,100

よって、変化はありません。

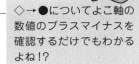

◇→●についてよこ軸の数値のプラスマイナスを確認するだけでもわかるよね!?

肢3 コミックの市場規模額は、30 → 120 で4倍ですね。これより増加率が大きいのは、ゲームソフトだけですから、コミックは2番目に高く、本肢は妥当です。

40 → 200 で5倍だね！

肢4 2010年の市場規模の合計は、肢2の計算より、2,100 で、通信系ソフト市場のそれは、肢1の計算より、690 なので、約40%とはいえません。

肢5 与えられたデータから、増減の理由までは判断できません。

正解 3

肢5みたいな「ひっかけ」は、最近は少ないけど、気をつけてね。

次の図から正しくいえるのはどれか。

スーパー商品別販売額の**対前年増加率**の推移

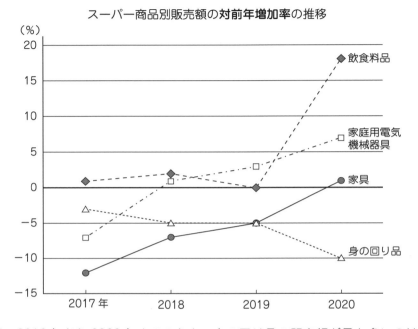

1. 2016年から2020年までのうち、身の回り品の販売額が最も多いのは2017年であり、最も少ないのは2020年である。
2. 2017年から2019年までの3か年における家庭用電気機械器具の販売額の年平均は、2016年の家庭用電気機械器具の販売額を上回っている。
3. 2018年から2020年までの各年についてみると、家具の販売額は、いずれの年も前年に比べて増加している。
4. 2018年から2020年までの各年についてみると、家庭用電気機械器具の販売額に対する飲食料品の販売額の比率が最も小さいのは、2019年である。
5. 2019年における商品別販売額についてみると、2016年における販売額を下回っているのは、身の回り品と家具だけである。

東京都の No.18 のパターン（10 ページ参照）。慣れたら一番得点しやすいかも！

肢1 2017年～2020年の身の回り品の増加率はすべてマイナスですから、毎年減少しています。

　　よって、最も多いのは2016年で、最も少ないのは2020年となります。

肢2 家庭用電気機械器具の2016年を100とすると、2017年は約7%減少して約93、2018年はそこから約1%の増加で94程度、2019年は約3%の増加で97程度となり、いずれも100を下回ります（基本事項⑥）。

　　よって、2017年～2019年の年平均は当然100を下回り、2016年を上回ることはありません。

肢3 家具の2018年と2019年の増加率はマイナスですから、前年に比べて減少しています。

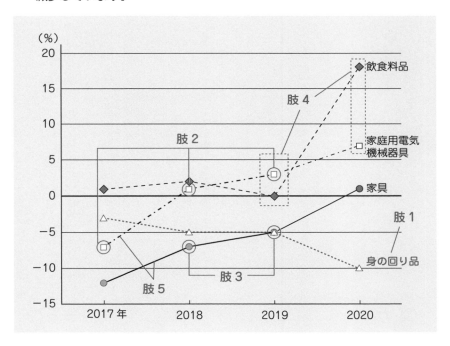

肢4 2019年は、家庭用電気機械器具の増加率＞飲食料品の増加率ですから、2018年→2019年で、家庭用電気機械器具に対する飲食料品の比率は下がっています（基本事項⑦）。

　　しかし、2020年は、家庭用電気機械器具の増加率＜飲食料品の増加率ですから、2019年→2020年で比率は上がっています。

　　よって、2018年～2020年で比率が最も小さいのは2019年で、本肢は正しいです。

肢5　身の回り品と家具はいずれも、2017 年 〜 2019 年の増加率が一貫して
マイナスなので、明らかに 2016 年 > 2019 年です。

　　また、家庭用電気機械器具についても、肢 2 の解説から、2016 年 >
2019 年とわかります。

　　よって、身の回り品と家具だけではありません。

▌▌ 正解 ▶ 4

　図はある製品の 2011 年〜 2014 年における四半期ごとの在庫量と出荷量の前年同期増加率を示したものである。例えば 2014 年IV期の縦軸は約 6％であるが、これは 2014 年IV期の出荷量が 2013 年IV期の出荷量よりも約 6％増加したことを示す。この図に関わる記述ア〜ウの正誤がいずれも正しいのはどれか。

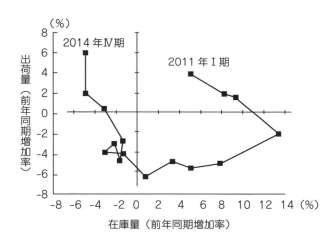

ア．2012 年はいずれの四半期も前年同期よりも出荷量は減少し、在庫量は増加している。

イ．2014 年III期の出荷量は 2011 年III期の出荷量よりも増加している。

ウ．各四半期の前年同期増加率をみると、出荷量の増加率が在庫量の増加率を超えている期が 5 期以上ある。

	ア	イ	ウ
1.	正	正	誤
2.	正	誤	正
3.	正	誤	誤
4.	誤	正	正
5.	誤	正	誤

ちょっと変わったグラフだね。どの点が何年の何期か間違えないように見ていこう！

ア 2012年は、いずれの四半期も、たて軸はマイナス、よこ軸はプラスの範囲にありますから、前年同期より、出荷量は減少し、在庫量は増加しています。したがって、アは正しいです。

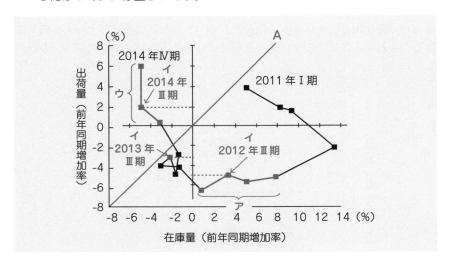

イ 出荷量の前年同期増加率は、2012年Ⅲ期は約−5％、2013年Ⅲ期は約−3％、2014年Ⅲ期は約2％となり、2011年Ⅲ期→2014年Ⅲ期は、5％減少→3％減少→2％増加ですから、明らかに減少しており、イは正しくありません。

ウ 出荷量の増加率が在庫量の増加率を超えているのは、図の直線Aより左上の領域で、この領域にあるのは、2014年Ⅱ期〜Ⅳ期の3期のみで、ウは正しくありません。

以上より、ア〜ウの正誤は、正，誤，誤となり正解は肢3です。

正解 3

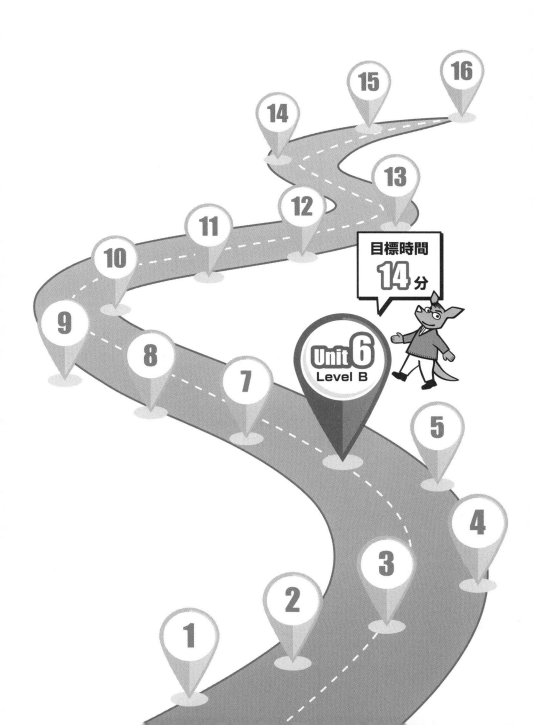

目標時間
14分

Unit**6**
Level B

図は、ある産業の、アジア現地法人の日本向け販売額，現地販売額，逆輸入比率を示したものである。この図から正しくいえるのはどれか。

ただし、逆輸入比率とは、以下の計算式で求められる値をいう。

$$逆輸入比率 = \frac{アジア現地法人の日本向け販売額}{アジアからの輸入総額} \times 100（\%）$$

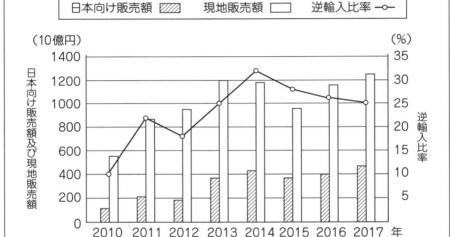

1. 2011 年から 2017 年について、日本向け販売額は前年に比べて増加したが、逆輸入比率は前年に比べて減少した年が 3 回ある。
2. 2010 年と 2017 年について、日本向け販売額と現地販売額の合計は、2017 年は 2010 年の 3 倍以上である。
3. 2013 年について、現地販売額の対前年増加率は、日本向け販売額の対前年増加率より高い。
4. 2014 年から 2017 年について、日本向け販売額と現地販売額の合計に占める日本向け販売額の比率は、いずれも 25％を上回っている。
5. 2015 年と 2016 年についてみると、アジアからの輸入総額は 2015 年のほうが大きい。

肢 5 は、逆輸入比率の計算式を変形して考えてみて！

肢1 そのような年は、2016 年，2017 年の 2 回だけです。

肢2 2010 年の日本向け販売額と現地販売額の合計は、グラフから 600 を超えるとわかります。一方、2017 年のそれは 1,800 に足りませんので、2010 年の 3 倍には及びません。

肢3 2012 年 → 2013 年で、現地販売額は約 950 → 1,200 ですから、1.3 倍まで増えていませんね。一方、日本向け販売額のそれは 200 弱 → 370 程度でおよそ 2 倍です。

　　よって、日本向け販売額のほうが増加率は高くなります。

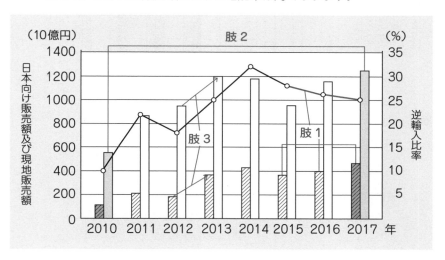

肢4 日本向け販売額と現地販売額の合計に占める日本向け販売額の比率が 25％だとすると、現地販売額は 75％ですから、その比は 25：75 = 1：3 になります。すなわち日本向け販売額が現地販売額の $\frac{1}{3}$ を上回れば、比率は 25％を上回ることになりますね。

　　これより、2014 年から 2017 年を確認すると、いずれの年も、現地販売額は日本向け販売額の 3 倍に満たないので、日本向け販売額が現地販売額の $\frac{1}{3}$ を上回り、本肢は正しくいえます。

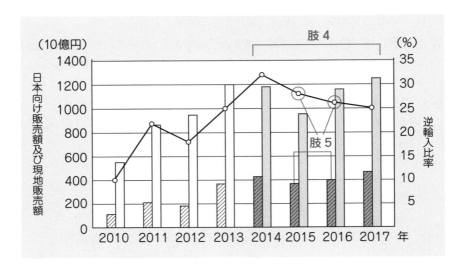

肢 5 逆輸入比率の計算式を変形すると、次のようになります。

$$逆輸入比率 = \frac{日本向け販売額}{アジアからの輸入総額}$$

両辺に「アジアからの輸入総額」をかけて、
逆輸入比率 × アジアからの輸入総額 = 日本向け販売額

$$アジアからの輸入総額 = \frac{日本向け販売額}{逆輸入比率}$$

これより、15 年と 16 年について見ると、日本向け販売額は 15 年 < 16 年で、逆輸入比率は 15 年 > 16 年ですから、アジアからの輸入総額は 15 年 < 16 年となり、2016 年のほうが大きいですね。

16 年のほうが分子が大きく分母が小さいので、分数は大きくなるね。

正解 ▶ 4

　下の表は、ある国における地域別輸入額の推移をまとめたものである。この表から判断できることとして、最も妥当なのはどれか。ただし、表中の数値は小数点以下第 2 位を四捨五入しているため、合計は 100% とならない場合がある。

地域別輸入額の推移

		2013年	2014年	2015年	2016年	2017年	2018年
地域別構成比（％）	ア ジ ア	63.6	63.5	61.2	60.2	60.1	60.1
	北 ア メ リ カ	9.8	10.2	11.7	12.6	12.4	12.5
	中南アメリカ	4.1	3.7	3.9	4.1	4.2	3.9
	ヨ ー ロ ッ パ	13.6	13.9	15.1	16.0	15.5	15.5
	ア フ リ カ	2.3	2.1	1.8	1.2	1.2	1.2
	オ セ ア ニ ア	6.6	6.6	6.2	5.8	6.6	6.8
輸入額（十億円）		81,243	85,909	78,406	66,042	75,379	82,703

1. 2016 年における輸入額が 2015 年より減少しているのは、アフリカからの輸入額だけである。
2. 2018 年においては、すべての地域からの輸入額が 2017 年より増加している。
3. 2013 年から 2018 年までの、アフリカからの輸入額の累計は、12,000 十億円を超えている。
4. 2013 年から 2018 年までのいずれの年においても、アジアからの輸入額はヨーロッパからの輸入額の 5 倍を超えている。
5. 2013 年から 2018 年までの間で、オセアニアからの輸入額が最も多いのは、2013 年である。

> ちょっと面倒な肢もあるけど、がんばっていこう！

肢 1　2015 年 → 2016 年で、輸入額（総額）は減少していますので、構成比も減少しているアフリカは当然減少しています。
　そうすると、アジアとオセアニアも同様ですので、減少しているのはアフリカからだけではありません。

> 輸入額と構成比がともに減少なら、「輸入額×構成比」は当然減少だよね。

肢2 2017年 → 2018年で、中南アメリカ以外は構成比が減少していません。そうすると、輸入額（総額）は増加していますから、これらの地域は当然増加しています。

　　これより、唯一構成比が減少している中南アメリカの2017年と2018年を次のように比較します（基本事項②）。輸入額は 75,379 → 82,703 で、7,300余り増加しており、これは 75,379 の10％近くあります。一方、構成比は 4.2 → 3.9 へ 0.3 減少しており、これは 3.9 の $\frac{1}{13} ≒ 7～8％$ ですね。

（2017年）	75,379	×	4.2%
	↓約1.1倍		↑1.08倍未満
（2018年）	82,703	×	3.9%

　　よって、2018年のほうが多いと判断でき、中南アメリカを含めてすべての地域からの輸入額が増加していますので、本肢は妥当です。

		2013年	2014年	2015年	2016年	2017年	2018年
地域別構成比（％）	ア　ジ　ア	63.6	63.5	61.2	60.2	60.1	60.1
	北アメリカ	9.8	10.2	11.7	12.6	12.4	12.5
	中南アメリカ	4.1	3.7	肢1 3.9	4.1	4.2	3.9
	ヨーロッパ	13.6	13.9	15.1	16.0	15.5	15.5
	アフリカ	2.3	2.1	1.8	1.2	肢2 1.2	1.2
	オセアニア	6.6	6.6	6.2	5.8	6.6	6.8
輸入額（十億円）		81,243	85,909	78,406	66,042	75,379	82,703

肢3

肢3 6年間の累計が 12,000 を超えるのであれば、1年の平均は 2,000 を超えますね。

　　ここで、アフリカの各年について見ると、2013年は 81,243 × 2.3％、2014年は 85,909 × 2.1％ で、いずれも 2,000 にやや足りず、2015年以降は明らかに 2,000 に及ばないのがわかります。

> 80,000 × 2.5％ で 2,000 だからね。2013年はちょっと足りないかな。2014年も似たようなものだね。

　　よって、累計が 12,000 を超えることはありません。

肢4 2013 年のヨーロッパの構成比は 13.6％で、これの 5 倍は <u>65 を超えます</u>。しかし、アジアの構成比は 63.6％で、ヨーロッパの 5 倍に及びません。

> 13 × 5 = 65 だからね。

　また、他の年についても同様で、5 倍を超えている年は 1 つもありません。

		2013年	2014年	2015年	2016年	2017年	2018年
地域別構成比（％）	ア　ジ　ア	63.6	63.5	61.2	60.2	60.1	60.1
	北アメリカ	9.8	10.2	11.7	12.6	12.4	12.5
	中南アメリカ	4.1	3.7	3.9	4.1	4.2	3.9
	ヨーロッパ	13.6	13.9	15.1	16.0	15.5	15.5
	アフリカ	2.3	2.1	1.8	1.2	1.2	1.2
	オセアニア	6.6	6.6	6.2	5.8	6.6	6.8
輸入額（十億円）		81,243	85,909	78,406	66,042	75,379	82,703

└ 肢5　　　　　　　　　　　　　　　肢4 ┘

肢5 2013 年 → 2014 年で、オセアニアの構成比は変わっていませんが、輸入額（総額）は増加しています。

　よって、2013 年より 2014 年のほうが多く、最も多いのは 2013 年ではありません。

正解 ▷ 2

きちんと計算

肢2　2017 年　75,379 × 4.2% ≒ 3,165.9
　　　2018 年　82,703 × 3.9% ≒ 3,225.4

肢3　2013 年　81,243 × 2.3% ≒ 1,868.6
　　　2014 年　85,909 × 2.1% ≒ 1,804.1
　　　2015 年　78,406 × 1.8% ≒ 1,411.3
　　　2016 年　66,042 × 1.2% ≒ 792.5
　　　2017 年　75,379 × 1.2% ≒ 904.5
　　　2018 年　82,703 × 1.2% ≒ 992.4
　　　累計　　　1,868.6 ＋ 1,804.1 ＋ 1,411.3 ＋ 792.5 ＋ 904.5 ＋ 992.4
　　　　　　　　＝ 7,773.4

図は、ある国の製造業8種に関する設備投資動向を調査した結果であり、横軸は2010年の構成比を、縦軸は設備投資額の2010年に対する2011年の増減率を示している。この図に関する次の文中の下線部分ア〜オのうちには正しいものが二つあるが、それらはどれか。

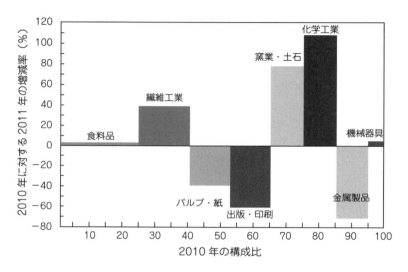

2010年に対する2011年の設備投資額の変化を見ると、5業種が増加、3業種が減少しており、設備投資額が2倍以上になった業種は1業種、半分以下になった業種は_アなかった。

各業種の設備投資の増減額の大小は、2010年の構成比と2011年の増減率から比較することができる。例えば「繊維工業」「窯業・土石」の増加額を比較すると、2010年の構成比がそれぞれ約15%, 10%、2011年の増減率はそれぞれ約40%, 80%なので、2011年の対前年増加額は_イ「窯業・土石」の方が多いことが分かる。同様の考え方で2011年度を推測すると、8業種全体として設備投資額が_ウ減少している。また、8業種それぞれの対前年増減額を考慮すると、2011年の構成比を知ることができ、2011年の構成比が最大なのが_エ「食料品」、最小なのが_オ「機械器具」である。

1. ア, ウ　　2. ア, オ　　3. イ, エ　　4. イ, オ　　5. ウ, エ

グラフ、出題形式ともに、ちょっと変わった問題だけど、とてもいい問題だから、じっくり味わって解いてみて！

まず、8業種のよこ軸（2010年の構成比）とたて軸（2011年の増減率）の数値を読み取ってみましょう。

まとめると、次のようになりますね。

	食料品	繊維工業	パルプ・紙	出版・印刷	窯業・土石	化学工業	金属製品	機械器具
2010年構成比	25%	15%	13%	12%	10%	10%	10%	5%
2011年増減率	3%	40%	−40%	−60%	80%	110%	−70%	5%

ここで、2010年の設備投資額の合計を100とすると、各業種の設備投資額は構成比の数値で表せます。

たとえば、食料品は25と表せるってこと！

さらに、2011年の各業種の設備投資額は2010年の値に（1＋増減率）をかけた値で表せますので、計算すると次のようになります。

（食料品）　　　$25 \times (1 + 0.03) = 25 \times 1.03 = 25.75$
（繊維工業）　　$15 \times (1 + 0.4) = 15 \times 1.4 = 21.0$
（パルプ・紙）　$13 \times (1 - 0.4) = 13 \times 0.6 = 7.8$
（出版・印刷）　$12 \times (1 - 0.6) = 12 \times 0.4 = 4.8$
（窯業・土石）　$10 \times (1 + 0.8) = 10 \times 1.8 = 18.0$
（化学工業）　　$10 \times (1 + 1.1) = 10 \times 2.1 = 21.0$
（金属製品）　　$10 \times (1 - 0.7) = 10 \times 0.3 = 3.0$
（機械器具）　　$5 \times (1 + 0.05) = 5 \times 1.05 = 5.25$

これより、ア～オについて確認します。

ア　「出版・印刷」と「金属製品」の2業種については、50%以上減少していますので、半分以下になっています。

　　よって、アは誤です。

イ　前述の計算によると、「繊維工業」の増加額は21.0 − 15.0 = 6.0、「窯業・土石」の増加額は18.0 − 10.0 = 8.0 で、後者の方が多いとわかります。

　　よって、イは正です。

ウ　前述の2011年の値を合計すると106.6となり、2010年の100より増加しています。

　　よって、ウは誤です。

エ 前述の計算より、2011 年の設備投資額が最大なのは「食料品」ですから、同年の構成比も「食料品」が最大です。

よって、エは正です。

オ 同様に、最小は「金属製品」となり、オは誤です。

以上より、正しいのはイ，エで、正解は肢 3 です。

正解 ③

アドバイス

解説では、2011 年の値をすべて計算したけど、実際はア〜オの検討に必要なところだけ確認すればいいよね !?

でも、ウを確認するにはやっぱり全部必要になるし、割と簡単な計算で済むから、先に求めたんだ。

実際は、イが「正」とわかったところで、肢 3，4 に絞られるから、ウを検討する必要はないので、本番では選択肢も見ながら要領よく解こうね！

次の図から正しくいえるのはどれか。

金地金の用途別4項目の消費部門への払出数量の推移

1. 平成27年における宝飾用とメッキ用の消費部門への払出数量の合計を
   100としたとき、平成30年における宝飾用とメッキ用の消費部門への払出
   数量の合計の指数は160を下回っている。
2. 平成27年から令和元年までの5か年における歯科・医療用の消費部門へ
   の払出数量の年平均は、平成29年の歯科・医療用の消費部門への払出数量
   を上回っている。
3. 平成28年から令和元年までの各年についてみると、電気通信機・機械部
   品用の消費部門への払出数量に対する歯科・医療用の消費部門への払出数量
   の比率は、いずれの年も0.25を下回っている。
4. 平成29年から令和元年までについてみると、電気通信機・機械部品用の
   消費部門への払出数量の3か年の累計は、宝飾用の消費部門への払出数量の
   3か年の累計を60,000kg以上、上回っている。
5. 平成30年における消費部門への払出数量の対前年増加率を用途別にみる
   と、最も大きいのは宝飾用であり、最も小さいのはメッキ用である。

東京都のNo.17のパターン（10ページ参照）。本問はそれほど面
倒な肢はないかな。

肢1 27年の宝飾用とメッキ用の合計は 7,220 + 2,390 で、これは 10,000 に足りません。

一方、30年のそれは 13,901 + 2,224 で、これは 16,000 を超えます。よって、30年は 27年の 1.6倍を超えますので、指数 160 を上回ります。

肢2 歯科・医療用の 29年は 7,545 ですから、これを基準としてその他の年の過不足を確認します。

7,545 を上回っているのは、27年の 7,988 と、28年の 8,516 で、それぞれ 400以上、900以上多く、合計で 1,300以上の超過となります。

一方、7,545 を下回っているのは、30年の 7,351 と、元年の 7,044 で、それぞれ約 200、約 500足りず、合計で約 700の不足となります。

これより、29年を基準とした過不足は、超過のほうが多いので、年平均は 29年を上回り、本肢は正しくいえます。

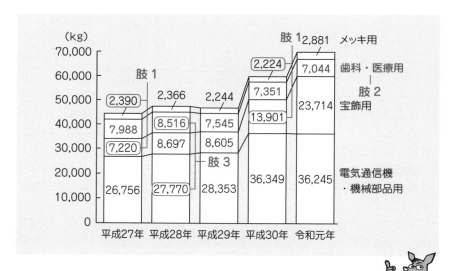

肢3 28年の電気通信機・機械部品用は 27,770 で、これの 25%は 7,000 に及びません。

しかし、同年の歯科・医療用は、8,516 ですから、電気通信機・機械部品用の 25%を上回ります。

25% = $\frac{1}{4}$ だからね。
歯科・医療用の 4倍を確認するのもアリ！

肢4 3年間の電気通信機・機械部品用の合計は、28,353 + 36,349 + 36,245 で、約 100,000 です。

一方、宝飾用のそれは、8,605 + 13,901 + 23,714 で、45,000 を超えます。

よって、前者は後者を 60,000 以上、上回ってはいません。

3年間で 60,000 ってことは、1年で平均 20,000 上回っているかを確認してもいいけど。これ位ならざっくり計算したほうが速いかな。

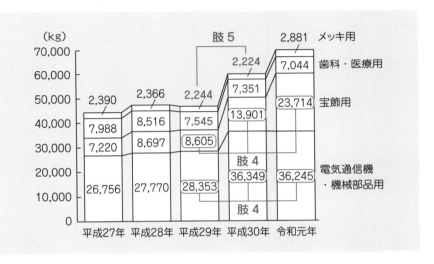

肢5 メッキ用の 29 年 → 30 年は、2,244 → 2,224 で、20 減少していますが、減少率は 1% に及びません。

一方、歯科・医療用のそれは、7,545 → 7,351 で、約 200 減少しており、減少率は 2% 以上です。

よって、対前年増加率が最も小さいのはメッキ用ではありません。

より減少しているほうが、増加率は小さいからね。

|||正解||| 2

きちんと計算

肢4 電気通信機・機械部品用　28,353 + 36,349 + 36,245 = 100,947
　　宝飾用　8,605 + 13,901 + 23,714 = 46,220

memo

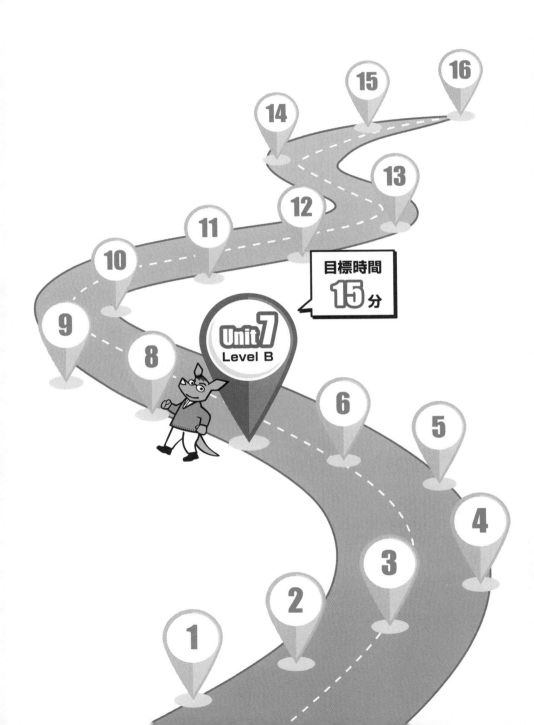

　図は、ある地域における分譲マンション新設戸数とその対前年同月増加率の推移を示したものである。この図に関する次の記述ア〜エのうち正しいものが2つあるが、その組合せを正しく示しているのはどれか。

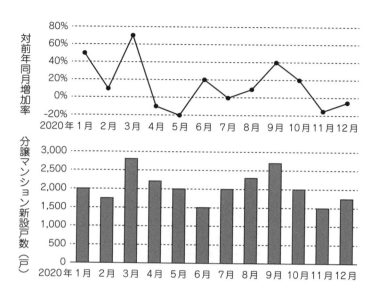

ア　2020年1月から12月までのうち、分譲マンション新設戸数が前年の同じ月より増加した月は8つある。

イ　2020年の分譲マンション新設戸数の1か月当たり平均は、2,000戸を上回っている。

ウ　2019年の3月と5月の分譲マンション新設戸数を比較すると、5月の方が多い。

エ　2019年の6月と10月の分譲マンション新設戸数を比較すると、10月は6月より500戸以上多い。

1. ア, イ　　　2. ア, ウ　　　3. ア, エ　　　4. イ, ウ　　　5. イ, エ

「対前年同月増加率」があるので、2019年の各月の新設戸数もわかるね。

ア 対前年同月増加率がプラスになっている月で、1月，2月，3月，6月，8月，9月，10月の7つですから、**ア**は誤です。

イ 図のように、新設戸数のグラフの「2,000」に線を引き、2,000 との過不足を調べます。

青色の部分が超過、水色の部分が不足だよ。

まず、2,000 を超過している月は、3月，4月，8月，9月で、それぞれ、約 800，200，300，700 で、合計で約 2,000 超過しています。

一方、不足している月は、2月，6月，11月，12月で、それぞれ、約 250，500，500，250 で、合計で約 1,500 不足しています。

よって、超過＞不足ですから、平均は 2,000 を上回り、**イ**は正です。

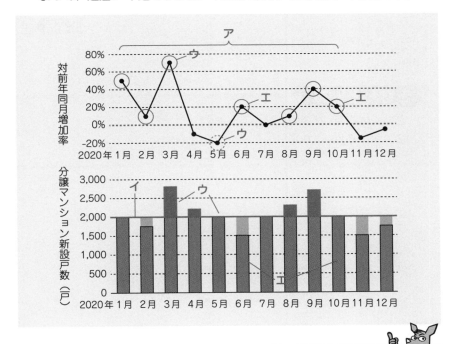

ウ 2020年3月の新設戸数は約 2,800 で、対前年同月増加率は約 70％ですから、2019年3月は 2,000 を下回っています。

2,000 から 70％増えたら、2,000 × 1.7 ＝ 3,400 になるからね。

一方、2020年5月の新設戸数は 2,000 で、対前年同月増加率は－20％ですから、2019年5月は 2,000 を上回っています。

よって、2019年は、3月＜5月で、**ウ**は正です。

エ 2020年6月と10月の新設戸数は、それぞれ1,500と2,000で、対前年同月増加率はいずれも20%ですから、2019年の「10月－6月」は次のようになります。

$$\frac{2,000}{1.2} - \frac{1,500}{1.2} = \frac{2,000 - 1,500}{1.2} = \frac{500}{1.2}$$

$\frac{500}{1.2}$ ＜ 500 ですから、10月と6月の差は500に及ばず、エは誤です。

以上より、正しいのはイ、ウで、正解は肢4です。

正解 4

きちんと計算

ウ 2019年3月 2,800 ÷ 1.7 ≒ 1,647
2019年5月 2,000 ÷ (1 − 0.2) = 2,500

Unit 7 PLAY 2

　下の表は、各国の 2013 年の原油需給を表したものである。この表から言えることとして最も妥当なものはどれか。

　なお、原油自給率は、産出量 ÷ 消費量 × 100 で算出するものとする。

（単位　万トン）

	産出量	輸入量	輸出量	消費量	1 人当たり消費（kg）
アメリカ合衆国	37,196	38,133	662	74,935	2,363
中国	20,996	28,209	161	48,235	354
ロシア	49,748	－	23,369	26,236	1,830
日本	23	16,803	－	16,760	1,320
サウジアラビア	48,035	－	37,595	10,595	3,508
イラン	14,111	－	3,390	9,695	1,257
カナダ	17,787	3,585	13,357	8,208	2,330
イギリス	3,846	5,031	3,038	5,848	914
ベネズエラ	14,677	－	9,806	4,871	1,609
クウェート	14,811	－	10,265	4,546	12,650
世界計	375,700	209,309	204,763	380,817	530

（公益財団法人矢野恒太記念会『日本国勢図会 2016/17 年版』より作成）

（注）　中国には、香港，マカオ及び台湾を含まない。

1．アメリカ合衆国の原油消費量は、世界全体の消費量の 25% を占めている。
2．原油自給率が 300% を超えている国は 2 か国だけである。
3．ロシアと中国の産出量を合計すると、世界全体の産出量の 2 割以上を占める。
4．カナダでは、輸出量が輸入量の 4 倍を超えている。
5．イランの人口は 8500 万人未満であることが算出できる。

問題文にある「原油自給率」はもちろん、「人口」もこのデータからわかるよね！？

肢 1　消費量の世界計は 380,817 で、これの 25％は 90,000 を超えます。しかし、アメリカのそれは 74,935 ですから、25％には及びません。

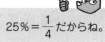

$25\% = \dfrac{1}{4}$ だからね。

肢 1

肢 2

	産出量	輸入量	輸出量	消費量	1 人当たり消費（kg）
アメリカ合衆国	37,196	38,133	662	74,935	2,363
中国	20,996	28,209	161	48,235	354
ロシア	49,748	－	23,369	26,236	1,830
日本	23	16,803	－	16,760	1,320
サウジアラビア	48,035	－	37,595	10,595	3,508
イラン	14,111	－	3,390	9,695	1,257
カナダ	17,787	3,585	13,357	8,208	2,330
イギリス	3,846	5,031	3,038	5,848	914
ベネズエラ	14,677	－	9,806	4,871	1,609
クウェート	14,811	－	10,265	4,546	12,650
世界計	375,700	209,309	204,763	380,817	530

肢 2　原油自給率が 300％を超えるということは、産出量が消費量の 3 倍を超えることになります。これより、このような国を探すと、サウジアラビアとクウェートは 3 倍を超えているのがわかりますが、ベネズエラも 3 倍ほどありますので、消費量を 3 倍して確認すると次のようになります。

もちろん、14,677 ÷ 4,871 を計算しても OK！　約 3.01 になるよ。

　　4,871 × 3 = 14,613

　　ベネズエラの産出量は 14,677 ですから、消費量の 3 倍を超えており、原油自給率 300％ を超えます。よって、2 か国だけではありません。

肢 3　産出量の世界計は 375,700 で、これの 2 割は 75,000 を超えます。一方、ロシアと中国の合計は 49,748 + 20,966 で、70,000 を少し上回る程度ですから、2 割以上にはなりません。

	産出量	輸入量	輸出量	消費量	1人当たり消費（kg）
アメリカ合衆国	37,196	38,133	662	74,935	2,363
中国	20,996	28,209	161	48,235	354
ロシア	49,748	−	23,369	26,236	1,830
日本	23	16,803	−	16,760	1,320
サウジアラビア	48,035	−	37,595	10,595	3,508
イラン	14,111	−	3,390	9,695	1,257
カナダ	17,787	3,585	13,357	8,208	2,330
イギリス	3,846	5,031	3,038	5,848	914
ベネズエラ	14,677	−	9,806	4,871	1,609
クウェート	14,811	−	10,265	4,546	12,650
世界計	375,700	209,309	204,763	380,817	530

肢4 カナダの輸入量は 3,585 で、これの 4 倍は 14,000 を超えますが、輸出量は 13,357 で、4 倍には及びません。

肢5 イランの消費量 9,695（万トン＝千万 kg）を、1人当たりの消費量 1,257kg で割ると、8 千万に満たないので、人口は 8,500 万人未満と算出できます。

1 トン＝ 1,000kg だからね。

　　　よって、本肢は妥当です。

正解▶ 5

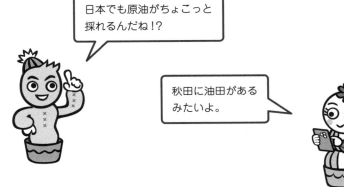

日本でも原油がちょこっと採れるんだね！？

秋田に油田があるみたいよ。

次の図は、ある地域のスーパーマーケットの売上高と売場面積の推移である。図から正しくいえるのはどれか。

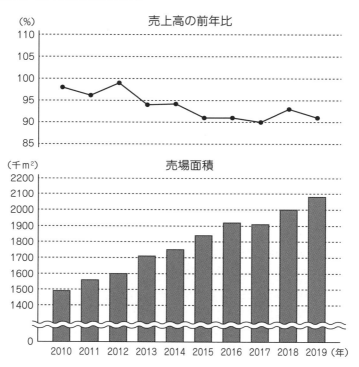

1. 2011年から2016年まで毎年、売場面積は増加し、対前年増加率は前年を上回っている。
2. 2010年から2019年までの10年間で、売上高が最も高いのは2012年で、最も低いのは2017年である。
3. 2011年から2019年の9年間、単位面積当たりの売上高は毎年減っている。
4. 売場面積について、2010年から2014年の平均値と2015年から2019年の平均値を比較すると、後者は前者の1.5倍を超えている。
5. 2011年から2019年までのうち、売場面積の対前年増加幅（増加面積）が最も大きい年と、売上高の対前年低下額（低下金額）が最も小さい年は一致している。

> 最近の地方上級（共通問題）は、折れ線グラフと棒グラフの組合せが多いかな。

肢1 売場面積の 2012 年 → 2013 年は、約 1,600 → 1,710 で、約 110 増加していますが、2013 年 → 2014 年は、約 1,710 → 1,750 で、約 40 の増加ですから、2013 年と 2014 年の対前年増加率は次のようになります。

$$\underset{\text{（2013 年）}}{\frac{約110}{約1,600}} > \underset{\text{（2014 年）}}{\frac{約40}{約1,710}}$$

2013 年のほうが、分子が大きく、分母が小さいね。

よって、2014 年の対前年増加率は前年を上回っていません。

肢2 2012 年の売上高の前年比は 100 を下回っていますので、売上高は前年より低く、最も高いのは 2012 年ではありません。

前年比（%）は、前年を 100 とした値だからね。

同様に、2018 年の前年比も 100 を下回っていますので、前年より低く、最も低いのは 2017 年ではありません。

100% のところに太線を引こう！

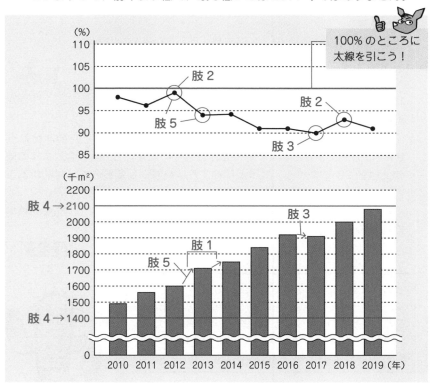

肢 3　売上高について見ると、9 年間いずれも前年比は 100 を下回っており、前年より減少しています。また、売場面積のほうは、2017 年を除いて、前年より増加していますので、これらの年は、単位面積当たりの売上高は前年より減少しています。

では、2017 年について確認すると、売上高の前年比は約 90％ですから、前年より約 10％減少していますが、<u>単位面積の減少率は微々たるものです。</u>

約 1,920 → 1,910 で、10 程度の減少だから、減少率は 1％にも満たないね。

よって、2017 年の売場面積当たりの売上高も減少していると判断でき、9 年間毎年減少しており、本肢は正しくいえます。

肢 4　売場面積の 2010 年から 2014 年は、いずれも 1,400 を上回っていますので、平均値も当然 1,400 を上回ります。

また、2015 年から 2019 年は、いずれも <u>2,100</u> を下回っていますので、平均値も当然 2,100 を下回ります。

1,400 の 1.5 倍だよ。

よって、後者が前者の 1.5 倍を超えることはありません。

肢 5　売場面積の増加幅について見ると、2012 年 → 2013 年は <u>約 110 増加</u>していますが、他に 100 以上増加している年はありませんので、対前年増加幅は 2013 年が最大となります。

肢 1 で確認したよね。

これより、2012 年 → 2013 年の売上高について見ると、前年比は約 94 ですから、2012 年より約 6％減少しています。しかし、2012 年の前年比は約 99 ですから、前年より約 1％しか減少しておらず、対前年低下額は 2012 年のほうが小さいと判断できます。

よって、対前年低下額が最も小さい年は 2013 年ではなく、売場面積の対前年増加幅が最大の年と一致しません。

正解 3

肢 5 の売上高の低下額を確認するよ。2012 年，2013 年の減少率をそれぞれ 1％，6％とし、2011 年の売上高を 100 とすると、2012 年の売上高は 99 で、低下額は 1 だね。2013 年は、2012 年の 99 に対して 6％の減少だから、低下額は 99 × 0.06 = 5.94 となるわけだ！

PLAY 4

次の図から正しくいえるのはどれか。

日本におけるレトルト食品5品目の生産数量の推移

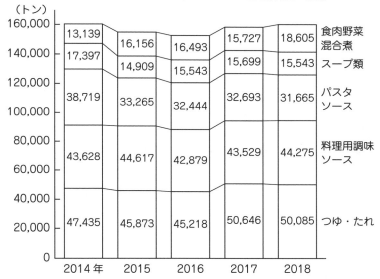

1. 2014年における料理用調味ソースの生産数量を100としたとき、2018年における料理用調味ソースの生産数量の指数は105を上回っている。

2. 2015年から2017年までについてみると、パスタソースの生産数量の3か年の累計に対する食肉野菜混合煮の生産数量の3か年の累計の比率は0.5を下回っている。

3. 2015年から2017年までの各年についてみると、つゆ・たれの生産数量に対する料理用調味ソースの生産数量の比率は、いずれの年も0.9を上回っている。

4. 2016年におけるレトルト食品の生産数量の対前年増加率を品目別にみると、5品目のうち最も大きいのはスープ類であり、最も小さいのはパスタソースである。

5. 2016年から2018年までの各年についてみると、レトルト食品5品目の生産数量の合計に占めるつゆ・たれの生産数量の割合は、いずれの年も30%を下回っている。

東京都の No.17 のパターン（10 ページ参照）。面倒な計算はなるべくせずに、要領よく肢を切っていこうね。

肢1 料理用調味ソースの 2014 年は 43,628 で、2018 年は 44,275 ですから、増加数は 1,000 にも及ばず、<u>43,628 の 5%</u>に足りません。

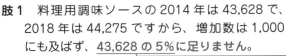

43,628 の 5%は、2,000 以上あるからね。

　　よって、指数 105 を上回ることはありません。

肢2 2015 年から 2017 年の 3 年間で、<u>食肉野菜混合煮がパスタソースの半分を上回っているのは 2016 年のみです。</u>同年のパスタソース 32,444 の半分は 16,200 強ですから、食肉野菜混合煮 16,493 のほうが 300 近く上回っています。しかし、2017 年のパスタソース 32,693 の半分は 16,300 強で、食肉野菜混合煮 15,727 は 500 以上足りません。

3 か年とも、パスタソースの半分を下回っていれば、文句なく◎！ でも、この年だけ半分以上あるので、この分をどうするかだね！

　　よって、食肉野菜混合煮の 3 年間の累計は、パスタソースの半分に及ばず、比率は 0.5 を下回っていますので、本肢は正しくいえます。

肢3 2017 年のつゆ・たれは 50,646 で、これの 0.9 倍は 45,000 を超えます。しかし、同年の料理用調味ソースは 43,529 で、0.9 倍に及びません。

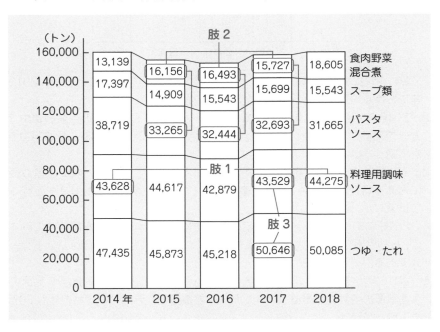

肢4 2015 年 → 2016 年で、生産数量が増加しているのは食肉野菜混合煮とスープ類の 2 種類です。食肉野菜混合煮は 16,156 → 16,493 で、増加数

は 400 に満たないですね。一方、スープ類は 14,909 → 15,543 で、増加数は 600 以上です。これより、両者の増加率を次のように比較します。

（食肉野菜混合煮）　　　　　（スープ類）

$$\frac{400\ 未満}{16,156} \quad < \quad \frac{600\ 以上}{14,909}$$

よって、増加率が最も大きいのはスープ類で OK です。

では、その他の 3 種類について、最も少ないほうを確認します。パスタソースは 33,265 → 32,444 で、減少数は 1,000 に満たないですね。一方、料理用調味ソースは 44,617 → 42,879 で、減少数は 1,700 以上です。これより、両者の減少率を次のように比較します（基本事項①）。

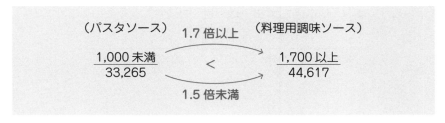

よって、料理用調味ソースのほうが減少率は大きいので、増加率はパスタソースより料理用調味ソースのほうが小さく、最も小さいのはパスタソースではありません。

肢 5　2017 年の合計を左目盛から読み取ると、160,000 程度で、これの 30％は 48,000 程度です。

心配だったら、ざっくり足し算してみよう！

しかし、同年のつゆ・たれは 50,646 ですから、30％を下回っていません。

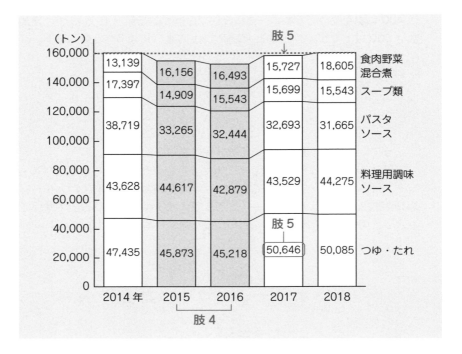

きちんと計算

肢2　パスタソース　　33,265 + 32,444 + 32,693 = 98,402
　　　食肉野菜混合煮　16,156 + 16,493 + 15,727 = 48,376
　　　食肉野菜混合煮÷パスタソース　48,376 ÷ 98,402 ≒ 0.492

肢5　2017年の合計
　　　15,727 + 15,699 + 32,693 + 43,529 + 50,646 = 158,294

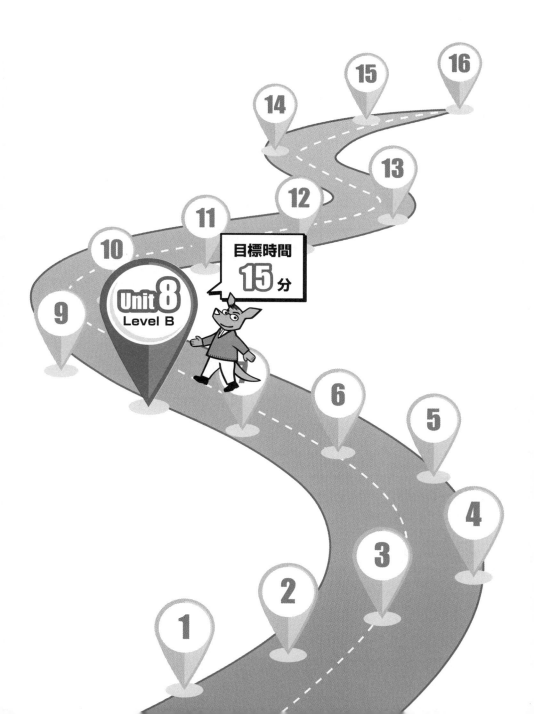

表は、1950 年から 2010 年まで 10 年ごとの期間における世界及び各地域の人口推移を示したものである。これから確実にいえるのはどれか。

（単位：百万人）

年次	世界	アジア	北アメリカ	南アメリカ	ヨーロッパ	アフリカ	オセアニア
1950	2,526	1,396	227	112	549	229	13
1960	3,026	1,695	277	148	606	285	16
1970	3,691	2,129	327	192	657	366	20
1980	4,449	2,634	378	241	695	478	23
1990	5,321	3,213	432	296	723	630	27
2000	6,128	3,717	493	348	729	808	31
2010	6,916	4,165	549	394	740	1,031	37

（注）四捨五入のため、各地域の人口の合計は世界の人口と一致しない場合がある。

1. 世界の人口について、10 年ごとの伸び率は、1950 年から 2010 年まで増加し続けている。
2. 1980 年と 2010 年を比較すると、増加した人口が最大の地域はアフリカである。
3. 各地域の人口が世界の人口に占める割合について、1950 年と 2010 年を比較すると、ヨーロッパは約 2 分の 1 に減少しているのに対し、アフリカは約 3 倍に増加している。
4. アジア以外の地域の合計とアジアについて、1950 年と 2010 年を比較すると、人口の伸び率はアジアの方が大きい。
5. 2000 年から 2010 年にかけて、他地域からの人口の流入が最も多いのはアジアである。

肢 4 は、アジア以外の地域の人口を出す必要なんてないからね。

肢1 世界の人口について、1950 年から 1990 年まで
では 20％程度の伸び率を続けていますが、2000
年→ 2010 年は 6,128 → 6,916 で、増加数は 800
に足りず、これは 6,128 の 15％に及びません。

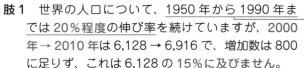

伸び率が増加し続け
ているかは微妙だけ
どね。

よって、伸び率は増加し続けていません。

年次	世界	アジア	北アメリカ	南アメリカ	ヨーロッパ	アフリカ	オセアニア
1950	2,526	1,396	227	112	549	229	13
1960	3,026	1,695	277	148	606	285	16
1970	3,691	2,129	327	192	657	366	20
1980	4,449	2,634	378	241	695	478	23
1990	5,321	3,213	432	296	723	630	27
2000	6,128	3,717	493	348	729	808	31
2010	6,916	4,165	549	394	740	1,031	37

肢1（世界欄）　肢2（アジア欄）　肢2（アフリカ欄）

肢2 1980 年→ 2010 年で、アフリカは 478 → 1,031 で、増加数は 500 ～
600 ですが、アジアは 2,634 → 4,165 で、増加数は 1,500 以上です。

よって、増加した人口が最大なのはアフリカではありません。

肢3 1950 年の世界の人口は 2,526、ヨーロッパは 549 ですから、世界に占
める割合は 20％強ですが、2010 年の世界は 6,916、ヨーロッパは 740
ですから、世界に占める割合は 10％強で、約 2 分の 1 に減少しています。

一方、1950 年のアフリカは 229 で、世界に占める割合は 10％弱、
2010 年は 1,031 で、世界に占める割合は 20％に及びませんので、約 3
倍に増加してはいません。

年次	世界	アジア	北アメリカ	南アメリカ	ヨーロッパ	アフリカ	オセアニア
1950	2,526	1,396	227	112	549	229	13
1960	3,026	1,695	277	148	606	285	16
1970	3,691	2,129	327	192	657	366	20
1980	4,449	2,634	378	241	695	478	23
1990	5,321	3,213	432	296	723	630	27
2000	6,128	3,717	493	348	729	808	31
2010	6,916	4,165	549	394	740	1,031	37

肢3,4　　肢4　　　　　　　　　　肢3　　肢3

肢4　1950 年 → 2010 年で、世界の人口は 2,526 → 6,916 で、3 倍までは
増えていません。一方、アジアのそれは 1,396 → 4,165 でおよそ 3 倍に
増えており、アジアの伸び率のほうが世界の
伸び率より大きいとわかります。
　　そうすると、アジア以外の地域の伸び率は、
世界の伸び率より小さいことになり、アジア
の伸び率＞アジア以外の伸び率と判断でき、
本肢は確実にいえます。

「アジア」と「アジア以外」
を合わせて「世界」だから、
「世界」の伸び率は「アジ
ア」と「アジア以外」の
伸び率の間にあるよね。

肢5　人口の増加が他地域からの流入によるものかは、この資料からは判断で
きません。

正解 4

肢 1　1950 年→ 1960 年　3,026 ÷ 2,526 ≒ 1.198（伸び率 19.8%）
　　　1960 年→ 1970 年　3,691 ÷ 3,026 ≒ 1.220（伸び率 22.0%）
　　　1970 年→ 1980 年　4,449 ÷ 3,691 ≒ 1.205（伸び率 20.5%）
　　　1980 年→ 1990 年　5,321 ÷ 4,449 ≒ 1.196（伸び率 19.6%）
　　　1990 年→ 2000 年　6,128 ÷ 5,321 ≒ 1.152（伸び率 15.2%）
　　　2000 年→ 2010 年　6,916 ÷ 6,128 ≒ 1.129（伸び率 12.9%）

肢 4　1950 年→ 2010 年の伸び率
　　　世　界　　　6,916 ÷ 2,526 ≒ 2.738（伸び率 173.8%）
　　　アジア　　　4,165 ÷ 1,396 ≒ 2.984（伸び率 198.4%）
　　　アジア以外　(6,916 − 4,165) ÷ (2,526 − 1,396) ≒ 2.435
　　　　　　　　　　　　　　　　　　　　　　（伸び率 143.5%）

　図Ⅰ，Ⅱ，Ⅲは、ある国の 1 年間の食品廃棄物及び食品ロス等の状況を示したものである。これらから確実にいえるのはどれか。

図Ⅰ　食品廃棄物等の発生状況等

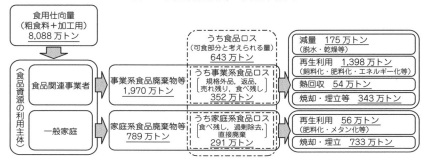

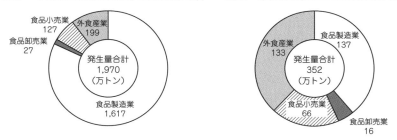

図Ⅱ　事業系食品廃棄物等の業種別内訳　　図Ⅲ　事業系食品ロスの業種別内訳

1. 家庭系食品廃棄物等に占める食品ロスの割合は、事業系食品廃棄物等に占める食品ロスの割合の 3 倍を超えている。
2. 事業系食品ロスと家庭系食品ロスの合計は、国民 1 人 1 日当たり約 30 グラムである。
3. 食品製造業と外食産業から発生する食品ロスは、家庭系食品ロスより多い。
4. 事業系食品廃棄物等と家庭系食品廃棄物等の合計は、食用仕向量の 3 割を超え、また、5 割以上が再生利用されている。
5. 事業系食品廃棄物等に占める食品ロスの割合を業種別にみると、食品卸売業が最も低い。

やや特殊なグラフだけど、どこを見ればいいかさえわかれば、それほど難しくはないよ！

肢1　図Ⅰより、家庭系食品廃棄物等 789 に占める
　　　食品ロス 291 の割合は <u>40％に及びません</u>。
　　　　また、事業系食品廃棄物等 1,970 に占める
　　　352 の割合は 15％を超えます。
　　　　よって、前者は後者の 3 倍を超えません。

750 × 40％＝ 300 だ
から、789 の 40％は
それ以上だね。

肢2　人口に関するデータがないので、国民 1 人 1 日当たりについては判断で
　　　きません。

肢3　図Ⅲより、食品製造業と外食産業を足し合わせると、137 ＋ 133 ＝
　　　270 で、家庭系 291 より多くはありません。

肢4　図Ⅰより、事業系食品廃棄物等と家庭系食品廃棄
　　　物等の合計は、1,970 ＋ 789 ＝ 2,759 で、食用仕
　　　向量 <u>8,088 の 3 割を超えます</u>。
　　　　また、再生利用は 1,398 ＋ 56 ＝ 1,454 で、これ
　　　は 2,759 の 5 割を超えます。
　　　　よって、本肢は確実にいえます。

9,000 の 3 割でも
2,700 だからね。

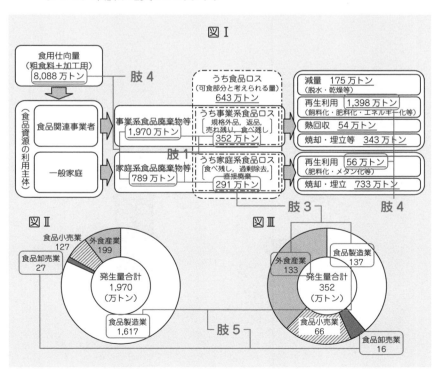

肢 5 図Ⅱ，Ⅲより、食品卸売業 27 のうち食品ロスは 16 で、半数以上です。
一方、食品製造業 1,617 のうち食品ロスは 137 で 1 割未満です。
よって、食品ロスの割合が最も低いのは食品卸売業ではありません。

正解 ▶ 4

このグラフ、思ったほど
難しくなかったね！

余計な情報が
いっぱいある
けどね…

次の図から正しくいえるのはどれか。

日本から4か国への自動車輸出額の構成比の推移

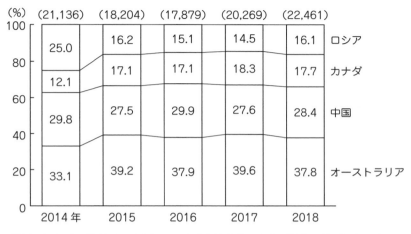

（注）（ ）内の数値は、4か国への自動車輸出額の合計（単位：億円）を示す。

1. 2014年におけるオーストラリアへの自動車輸出額を100としたとき、2017年におけるオーストラリアへの自動車輸出額の指数は120を下回っている。

2. 2015年から2017年までの3か年における中国への自動車輸出額の累計は、15,000億円を下回っている。

3. 2015年から2018年までのうち、ロシアへの自動車輸出額が最も多いのは2015年であり、最も少ないのは2017年である。

4. 2016年から2018年までのうち、カナダへの自動車輸出額が前年に比べて最も増加したのは、2018年である。

5. 2018年についてみると、オーストラリアへの自動車輸出額は、中国への自動車輸出額を2,500億円以上、上回っている。

東京都 No.19 のパターン（10 ページ参照）。「合計 × 構成比」の比較は、それぞれの大小から効率よく判断してね！

肢1　2014年→2017年で、オーストラリアの構成比は33.1 → 39.6で、6.5増加していますが、これは33.1の20％に足りません。また、合計は21,136 → 20,269と減少していますから、明らかに20％の増加はなく、指数120を下回ります。

　　　よって、本肢は正しくいえます。

肢2　中国の2015年は、<u>18,204 × 27.5％</u>で、これは4,500を超えます。また、2016年は、<u>17,879 × 29.9％</u>で、これは5,100を超えます。さらに、2017年は、<u>20,269 × 27.6％</u>で、5,400を超えますので、3年間の累計は、4,500 + 5,100 + 5,400 = 15,000を超えます。

> 18,000 × 25％ = 4,500
> 17,000 × 30％ = 5,100
> 20,000 × 27％ = 5,400
> から、余裕で超えるとわかるよね。

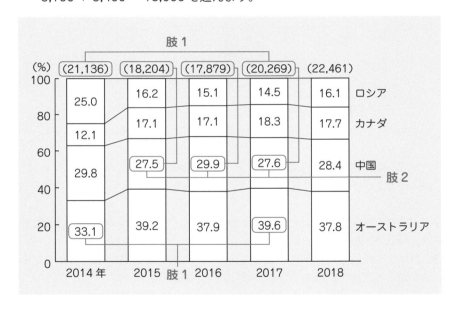

肢3　ロシアの2015年→2018年を見ると、構成比は16.2 → 16.1でわずかに減少していますが、合計は18,204 → 22,461で2割以上増加しており、2015年 < 2018年と判断できます。

　　　また、2016年 → 2017年を見ると、構成比は15.1 → 14.5でやや減少していますが、合計は17,879 → 20,269で1割以上増加しており、2016年 < 2017年と判断できます。

　　　よって、最も多いのは2015年ではなく、最も少ないのも2017年ではありません。

肢4 合計について見ると、2016 年 → 2017 年の増加数は、20,269 − 17,879 = 2,390、2017 年 → 2018 年の増加数は、22,461 − 20,269 = 2,192 ですから、増加率は次のように比較できます。

$$
\text{(2016 年 → 2017 年)} \qquad \text{(2017 年 → 2018 年)}
$$
$$
\frac{2,390}{17,879} \quad > \quad \frac{2,192}{20,269}
$$

また、カナダの構成比を見ると、2016 年 → 2017 年は増加していますが、2017 年 → 2018 年は減少しています。

これより、合計、構成比とも増加率は、2016 年 → 2017 年のほうが、2017 年 → 2018 年より大きいので、対前年増加額は 2017 年 > 2018 年と判断できます。

肢5 2018 年のオーストラリアと中国の構成比の差は、37.8 − 28.4 = 9.4（％）ですから、輸出額の差額は 22,461 × 9.4％で、これは 2,500 に足りません。

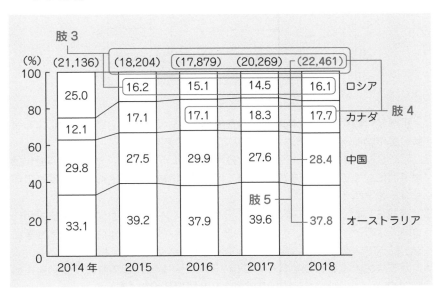

次の図から正しくいえるのはどれか。

我が国における野生鳥獣による農作物被害額の推移

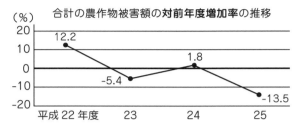

合計の農作物被害額の**対前年度増加率**の推移

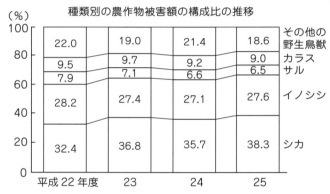

種類別の農作物被害額の構成比の推移

1. 平成21年度から24年度までの各年度についてみると、野生鳥獣による合計の農作物被害額が最も少ないのは23年度である。

2. 平成22年度から25年度までの各年度についてみると、シカによる農作物被害額に対するその他の野生鳥獣による農作物被害額の比率は、いずれの年も0.6を下回っている。

3. 平成23年度から25年度までの3か年のイノシシによる農作物被害額についてみると、1年当たりの平均の農作物被害額は、22年度の農作物被害額を上回っている。

4. カラスによる農作物被害額についてみると、平成23年度の農作物被害額を100としたとき、25年度の指数は90を下回っている。

5. サルによる農作物被害額についてみると、平成24年度の農作物被害額は、22年度の農作物被害額を上回っている。

東京都の No.20 のパターン（10ページ参照）。合計の増加率と各項目の構成比を組み合わせて考える問題だね。

肢1 合計は、21年 → 23年で12.2％増加 → 5.4％減少ですから、21年に対して23年は増加しています。よって、21年＜23年となり、最も少ないのは23年ではありません。

12.2 − 5.4 ＝ 6.8 だから、6.8％の増加より、もうちょい少なくなるかな!?（基本事項⑥）

肢2 22年の構成比は、シカは32.4％、その他は22％で、前者に対する後者の比率は0.6を上回ります。

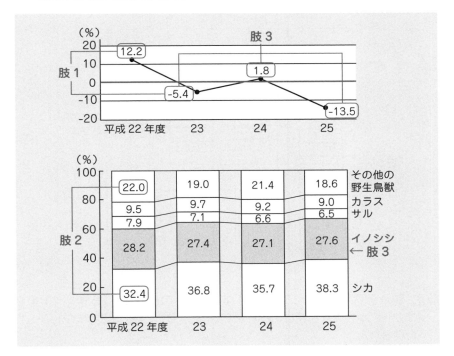

肢3 合計の増加率を見ると、22年 → 23年は5.4％の減少、23年 → 24年は1.8％の増加ですが、ここまでで、22年 ＞ 24年とわかります。さらに、24年 → 25年は13.5％の減少なので、22年〜25年で合計が最も多いのは22年です。

　また、イノシシの構成比も22年が最も大きいので、イノシシの被害額は22年が最も多いと判断でき、23年〜25年の平均が22年を上回ることはありません。

肢4 合計の23年 → 25年は、1.8％増加 → 13.5％減少で、10％以上減少しているのがわかります。そうすると、構成比が同じであっても、「合計 × 構成比」の比率は0.9を下回りますが、カラスの構成比は23年 → 25年で

減少していますので、25 年の指数は明らかに 90 を下回り、本肢は正しくいえます。

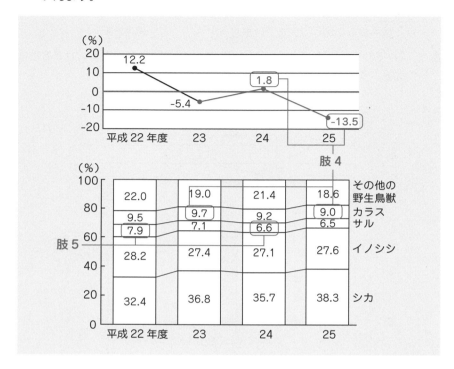

肢 5 肢 3 より、合計は 22 年 > 24 年で、サルの構成比も 22 年 > 24 年ですから、サルの被害額は 22 年 > 24 年となり、24 年は 22 年を上回ってはいません。

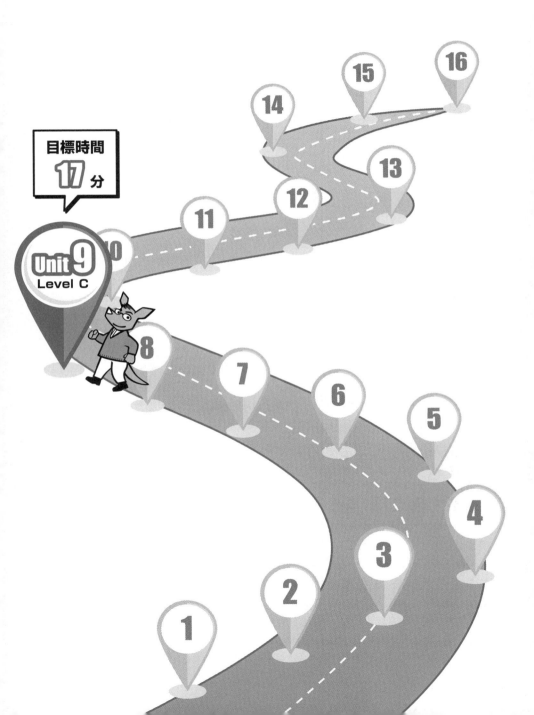

目標時間
17分

Unit **9**
Level C

次の表から確実にいえるのはどれか。

自動車貨物の主要品目別輸送量の対前年度増加率の推移

(単位 ％)

品 目	平成27年度	28	29	30	令和元年度
砂利・砂・石材	△13.2	5.5	△ 8.5	△ 6.0	△ 9.6
機 械	33.1	△ 3.4	9.4	10.1	14.9
窯 業 品	△ 8.6	△10.2	13.1	△11.5	0.4
食 料 工 業 品	△36.3	7.8	0.2	△ 5.8	△ 6.5
日 用 品	6.7	23.3	△ 0.1	8.2	4.1

（注）△は、マイナスを示す。

1. 令和元年度において、「窯業品」の輸送量及び「食料工業品」の輸送量は、いずれも平成28年度のそれを下回っている。
2. 表中の各年度のうち、「窯業品」の輸送量が最も少ないのは、平成30年度である。
3. 平成29年度において、「食料工業品」の輸送量は、「機械」のそれを上回っている。
4. 「機械」の輸送量の平成29年度に対する令和元年度の増加率は、「日用品」の輸送量のそれの2倍より小さい。
5. 平成27年度の「砂利・砂・石材」の輸送量を100としたときの平成30年度のそれの指数は、90を上回っている。

増加率の計算がたくさんあるけど、基本事項⑥をうまく使って、短時間で解けるようかんばろう！

肢1 「窯業品」の29年，30年，元年の対前年度増加率の合計は、13.1 － 11.5 ＋ 0.4 ＝ 2.0（％）ですから、誤差を考慮しても、28年→元年で増加していると判断できます（基本事項⑥）。

　　よって、元年は28年を下回っていません。

肢2 「窯業品」の28年と30年について見ると、29年，30年の対前年度増加率の合計は、13.1 － 11.5 で、ややプラスですから、誤差を考慮しても、28年＜30年と判断できます。

とはいっても、微妙だから、不安なら後回しかな。

　　よって、最も少ないのは30年ではありません。

肢3 表は、それぞれの品目の対前年度増加率を示したもので、ここから「食料工業品」と「機械」の輸送量を比較することはできません。

肢5 （単位　％）

品　　目	平成27年度	28	29	30	令和元年度
砂利・砂・石材	△13.2	5.5	△　8.5	△　6.0	△　9.6
機　　　　械	33.1	△　3.4	9.4	10.1	14.9
窯　業　品	△　8.6	△10.2	13.1	△11.5	0.4
食 料 工 業 品	△36.3	7.8	0.2	△　5.8	△　6.5
日　用　品	6.7	23.3	△　0.1	8.2	4.1

（注）△は、マイナスを示す。　　　　　肢1，2　　　　　肢4

肢4　「機械」の30年,元年の対前年度増加率の合計は、10.1＋14.9＝25.0（％）ですから、実際の増加率はこれよりやや大きいですね。

　　一方、「日用品」のそれは、8.2＋4.1＝12.3（％）で、やはり、実際の増加率はこれよりやや大きいです。

　　ここで、それぞれの誤差を考えると、<u>数字の大きい前者のほうが誤差も大きいことを踏まえても、前者は後者の2倍を上回る</u>と判断できます。

> 25.0は12.3の2倍以上ってだけでも十分かな！

肢5　「砂利・砂・石材」の28年～30年の増加率の合計は、5.5 － 8.5 － 6.0 ＝ －9.0（％）ですから、誤差を考慮しても10％まで減少していないと判断できます。

　　よって、指数は90を上回っており、本肢は確実にいえます。

||||正解||5

きちんと計算

肢1　「窯業品」の28年を100とした元年の値
　　　$100 \times 1.131 \times (1 - 0.115) \times 1.004 \fallingdotseq 100.5$

肢2　「窯業品」の28年を100とした30年の値
　　　$100 \times 1.131 \times (1 - 0.115) \fallingdotseq 100.1$

肢4　29年を100とした元年の値
　　　「機械」$100 \times 1.101 \times 1.149 \fallingdotseq 126.5$（増加率26.5％）
　　　「日用品」$100 \times 1.082 \times 1.041 \fallingdotseq 112.6$（増加率12.6％）

肢5　$100 \times 1.055 \times (1 - 0.085) \times (1 - 0.06) \fallingdotseq 90.7$

　表は、企業を対象に行った、電子商取引（インターネットを利用した調達・販売）の実施状況に関する産業別調査の結果（複数回答）である。これから確実にいえるのはどれか。

産業	回答企業数（社）	a.企業からの調達（%）	b.企業への販売（%）	c.消費者への販売（%）	a,b,cのいずれかの電子商取引を実施（%）
サービス業	5000	35.7	5.8	14.2	45.0
製造業	3800	31.6	11.8	14.6	46.6
運輸業	3580	30.9	3.0	5.7	36.4
建設業	3490	33.5	3.9	3.7	37.2
卸売・小売業	3420	38.9	14.9	30.0	64.6
金融・保険業	1950	24.5	14.1	46.8	60.6

1. いずれの電子商取引も実施していない企業数は、「建設業」で最も多く、「金融・保険業」で最も少ない。
2. 「サービス業」では、a，b，c のいずれかの電子商取引を実施している企業のうち、半数以上が「企業からの調達」においてのみ電子商取引を実施している。
3. 「運輸業」では、a，b，c のいずれかの電子商取引を実施している企業は、「企業からの調達」又は「消費者への販売」のうち少なくとも一方において電子商取引を実施している。
4. 「卸売・小売業」では、「企業からの調達」，「企業への販売」及び「消費者への販売」の三つ全てにおいて電子商取引を実施している企業がある。
5. 「金融・保険業」では、a，b，c のいずれかの電子商取引を実施している企業のうち、半数以上が二つ以上の形態で電子商取引を実施している。

　a，b，c の複数回答の数を考える問題で、集合算の要素がちょっとあるかな！?

表中の「a，b，cのいずれかの電子商取引を実施」を「d」とします。

肢1 いずれの電子商取引も実施していない企業 の割合は、建設業が 100 − 37.2 ＝ 62.8（％）、 運輸業は 100 − 36.4 ＝ 63.6（％）で、運輸 業＞建設業となります。

全体からdを引いた残り だよ！

また、回答企業数も、運輸業＞建設業です から、いずれの電子商取引も実施していない 企業数は、運輸業＞建設業となり、最も多い のは建設業ではありません。

「回答企業数×実施して いない企業の割合」だか らね。

肢2

産業	回答企業数 (社)	a. 企業からの調達 （%）	b. 企業への販売 （%）	c. 消費者への販売 （%）	a,b,cのいずれかの電子商取引を実施 （%）
サービス業	5000	35.7	5.8	14.2	45.0
製造業	3800	31.6	11.8	14.6	46.6
運輸業	3580	30.9	3.0	5.7	36.4
建設業	3490	33.5	3.9	3.7	37.2
卸売・小売業	3420	38.9	14.9	30.0	64.6
金融・保険業	1950	24.5	14.1	46.8	60.6

肢1   肢1

肢2 サービス業のdは 45.0％ですが、b とcの合計は 5.8 ＋ 14.2 ＝ 20.0（％） なので、少なくとも 45.0 − 20.0 ＝ 25.0（％）の企業は、aのみとわかり、 これはdの半数以上になります。 よって、本肢は確実にいえます。

複数回答だから、「aとb」「a とc」などの企業もあるだろう けど、bやcをやっている企業 がdの半数以下なので、半数以 上はaのみなのは確実だね。

肢3 運輸業のdの中で、bのみという企業 がある可能性もありますので、このよう なことはいえません。

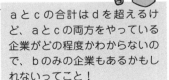

aとcの合計はdを超えるけ ど、aとcの両方をやっている 企業がどの程度かわからないの で、bのみの企業もあるかもし れないってこと！

肢4 卸売・小売業のaとbを合計すると、 38.9 ＋ 14.9 ＝ 53.8（％）で、これはd （64.6％）を超えませんから、aとbを

ともに実施している企業が1社もない可能性はあります。

したがって、3つすべてを実施している企業があるとは確実にはいえません。

a＋bがdを超えていれば、両方をやっている企業は確実にあるけどね！

産業	回答企業数（社）	a. 企業からの調達　（％）	b. 企業への販売　　（％）	c. 消費者への販売　（％）	a,b,cのいずれかの電子商取引を実施　（％）
サービス業	5000	35.7	5.8	14.2	45.0
製造業	3800	31.6	11.8	14.6	46.6
運輸業	3580	30.9	3.0	5.7	36.4
建設業	3490	33.5	3.9	3.7	37.2
卸売・小売業	3420	38.9	14.9	30.0	64.6
金融・保険業	1950	24.5	14.1	46.8	60.6

　　　　　　　　　　　　肢4　　　　　　肢5　　　　　　肢3

肢5　たとえば、金融・保険業でbを実施している14.1％の企業のすべてがaも実施しているとすると、aまたはbを実施している＝aを実施している＝24.5％となります。

　　その場合、dのうち、残る60.6 － 24.5 ＝ 36.1（％）は、cのみを実施していることになり、これはdの半数以上です。

　　よって、半数以上が2つ以上を実施しているとは確実にはいえません。

正解　2

次は、あるバレエ教室に通う生徒の昨年 4 月及び今年 4 月における在級状況（人数）を示した表である。これから確実にいえるのはどれか。

ただし、選択肢中にある「この期間」とは、昨年 4 月から今年 4 月までの期間をいう。

なお、この教室では、生徒は随時、テストを受けて 6 級から 1 級まで進級していき、降級することはない。また、「退会」の項は、昨年 4 月時点で在籍していたが今年 4 月の時点で在籍していない者の数を示しており、新規の入会者については考慮しないものとする。

（単位：人）

今年 4 月 昨年 4 月	1 級	2 級	3 級	4 級	5 級	6 級	退会
1 級	5						2
2 級	5	8					3
3 級	3	6	16				4
4 級		3	10	21			8
5 級			6	11	27		6
6 級			4	7	28	30	11

1. 在籍者全体に占める 1，2，3 級の生徒の割合をみると、今年 4 月は昨年 4 月に比べて減少した。
2. 今年 4 月の在籍者全体に占めるこの期間に進級した生徒の割合は、40% を超えている。
3. この期間に進級した生徒の中で、今年 4 月の時点で 4, 5 級の生徒の割合は、80% を超えている。
4. 今年 4 月の在籍者全体に占めるこの期間に 2 級以上進級した生徒の割合は、20% を超えている。
5. 1 級以上進級した者は、今年 4 月の方が多い。

まず、合計の人数を計算してしまったほうが速いかも！

肢1　次の表のように、それぞれの行と列の合計を算出して記入します。

表より、昨年4月の在籍者は224人で、1〜3級の生徒数は7 + 16 + 29 = 52（人）ですから、その割合は $\dfrac{52}{224}$ となります。

また、今年4月の在籍者は、昨年の在籍者 − 退会者 = 224 − 34 = 190（人）で、1〜3級の生徒数は13 + 17 + 36 = 66（人）ですから、その割合は $\dfrac{66}{190}$ となります。

これより、$\dfrac{52}{224} < \dfrac{66}{190}$ ですから、今年4月のほうが大きく、昨年4月に比べて減少してはいません。

今年4月 昨年4月	1級	2級	3級	4級	5級	6級	退会	計
1級	5						2	7
2級	5	8					3	16
3級	3	6	16				4	29
4級		3	10	21			8	42
5級			6	11	27		6	50
6級			4	7	28	30	11	80
計	13	17	36	39	55	30	34	224

　　　　肢2　　　　肢1　　　　肢3　　　　　肢1

肢2　この期間に進級した生徒は、上の表の色の付いた部分で、合計すると、
5 + 3 + 6 + 3 + 10 + 6 + 4 + 11 + 7 + 28 = 83（人）となります。

また、肢1より今年4月の在籍者は190人で、<u>83人は190人の40％を超えます</u>ので、本肢は確実にいえます。

> 200人の40％で80人だからね。

肢3　肢2より、この期間に進級した生徒は83人、そのうち、今年4月の4, 5級の生徒は、11 + 7 + 28 = 46（人）で、80％には及びません。

肢4　この期間に2級以上進級した生徒は、次表の色の付いた部分で、合計すると、3 + 3 + 6 + 4 + 7 = 23（人）ですから、今年4月の在籍者190人の20％には及びません。

昨年4月 ＼ 今年4月	1級	2級	3級	4級	5級	6級	退会
1級	5						2
2級	5	8					3
3級	3	6	16				4
4級		3	10	21			8
5級			6	11	27		6
6級			4	7	28	30	11

肢4

肢5 いつと比べているかが明言されていませんので、判断できません。

　次の表と図は、我が国の熱中症による救急搬送人員の年別推移とその年齢区分を示したものである。表は各年の 6 ～ 9 月の結果を、図は 2014 年以前については 6 ～ 9 月の、2015 年以降については 5 ～ 9 月の結果をそれぞれ示している。これらからいえることとして最も妥当なのはどれか。

　ただし、各年の 4 月以前、10 月以降の熱中症による救急搬送人員は考えないものとする。

表　熱中症による救急搬送人員の年別推移（6 ～ 9 月）

（単位：人）

2012 年	45,701
2013 年	58,729
2014 年	40,048
2015 年	52,948
2016 年	47,624
2017 年	49,583
2018 年	92,710

図　熱中症による救急搬送人員の年齢区分

（2014 年以前は 6 ～ 9 月、2015 年以降は 5 ～ 9 月）

	各年の合計
2012	45,701 人
2013	58,729 人
2014	40,048 人
2015	55,852 人
2016	50,412 人
2017	52,984 人
2018（年）	95,137 人

2012：0.9(417人)／14.2(6,467人)／39.8(18,192人)／45.1(20,625人)
2013：0.8(472人)／12.5(7,367人)／39.3(23,062人)／47.4(27,828人)
2014：0.9(363人)／14.0(5,622人)／38.9(15,595人)／46.1(18,468人)
2015：0.9(505人)／13.1(7,333人)／35.8(19,998人)／50.2(28,016人)
2016：1.0(486人)／13.0(6,548人)／36.0(18,150人)／50.0(25,228人)
2017：0.9(490人)／14.5(7,685人)／35.6(18,879人)／48.9(25,930人)
2018：1.0(975人)／13.9(13,192人)／37.0(35,189人)／48.1(45,781人)

■新生児・乳幼児（7 歳未満）　▨少年（7 歳以上 18 歳未満）　▨成人（18 歳以上 65 歳未満）　□高齢者（65 歳以上）
（注）四捨五入の関係により、割合の合計が 100% にならない場合がある。

1. 2015年以降の5月の救急搬送人員が最も少ない年は、2017年である。
2. 2018年の6～9月の救急搬送人員に占める少年の割合は、1割を超えている。
3. 2012～2018年についてみると、新生児・乳幼児の救急搬送人員の合計は、4,000人を超えている。
4. 2018年の高齢者の救急搬送人員は、2013年の高齢者以外の救急搬送人員の合計よりも少ない。
5. 2016年以降の救急搬送人員のうち、高齢者の対前年増加率をみると、2017年が最も大きい。

> 肢2は、国家の問題にたまにあるひっかけ！ 「割合は不明だから判断不可能」とかしないように！

肢1 2015年以降は、表は6～9月、図は5～9月ですから、図の「合計」から表の人数を引けば、5月の人数が求められます。

これより、2017年の5月は、52,984 − 49,583で、3,000を超えますが、2018年の5月は95,137 − 92,710で、3,000に及びません。

よって、最も少ないのは2017年ではありません。

肢2 2018年の5月～9月の少年は13,192ですが、このうち5月の人数は、肢1より、3,000に及びませんので、6月～9月で10,000以上は明らかにあります。

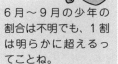

5月の搬送人員が全員少年だとしても、6月～9月で10,000人以上いるってこと。

6月～9月の少年の割合は不明でも、1割は明らかに超えるってことね。

表より、同年の6月～9月の合計は92,710で、このうち少年は10,000以上ですから、その割合は1割を超え、本肢は妥当です。

肢3 2012年～2017年については、新生児・乳幼児は、2015年を除いて500を下回っており、2015年も500をわずかに上回る程度ですから、この6年間の合計は500 × 6 = 3,000を下回ります。

そうすると、これに2018年の975を加えても、4,000には及びません。

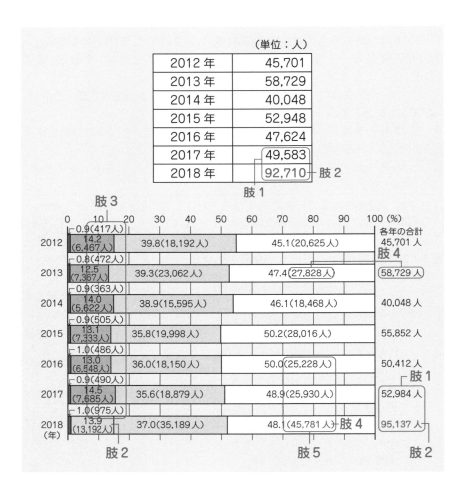

（単位：人）

2012 年	45,701
2013 年	58,729
2014 年	40,048
2015 年	52,948
2016 年	47,624
2017 年	49,583 |－肢2
2018 年	92,710

肢3

肢4 2018 年の高齢者は 45,781 ですが、2013 年の高齢者以外は、58,729 − 27,828 で、これは 30,000 強ですから、明らかに、前者のほうが多いです。

肢5 2016 年 → 2017 年の高齢者は、25,228 → 25,930 で、700 ほど増加していますが、<u>増加率は 3 ％にも及びません</u>。
  一方、2017 年 → 2018 年のそれは、25,930 → 45,781 で、20,000 近く増加しており、<u>増加率は 70 ％以上です</u>。
  よって、対前年増加率が最も大きいのは 2017 年ではありません。

こんなの、計算するまでもないよね！

 正解 2

肢1　2015 年　55,852 − 52,948 = 2,904
　　　2016 年　50,412 − 47,624 = 2,788
　　　2017 年　52,984 − 49,583 = 3,401
　　　2018 年　95,137 − 92,710 = 2,427

肢3　417 + 472 + 363 + 505 + 486 + 490 + 975 = 3,708

memo

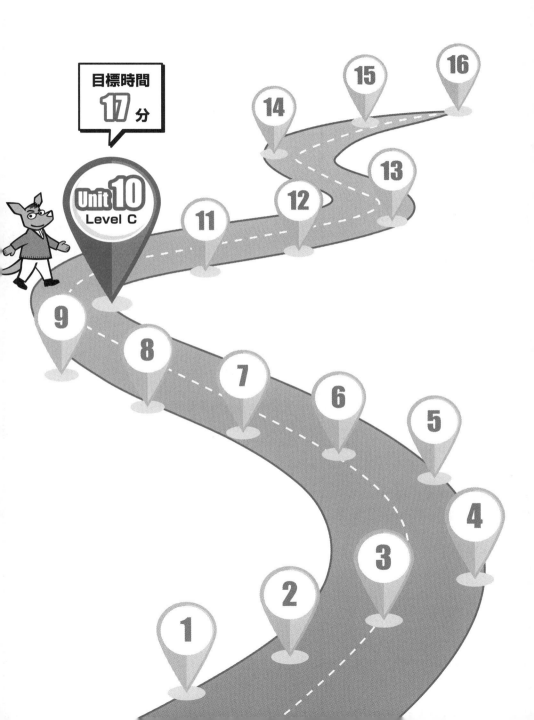

次の表は、東京都の従業者 4 人以上の製造事業所の事業所数，従業者数，製造品出荷額等及び付加価値額をまとめたものである。この表から言えることとして、最も妥当なのはどれか。

製造事業所の事業所数，従業者数，製造品出荷額及び付加価値額

従業者規模	事業所数		従業者数（人）		製造品出荷額等（万円）		付加価値額（万円）	
	平成24年	平成22年	平成24年	平成22年	平成24年	平成22年	平成24年	平成22年
4～29人	12,583	13,593	121,296	130,616	189,071,731	189,068,160	89,749,739	91,014,989
30～299人	1,365	1,395	92,824	96,865	245,793,686	240,012,157	93,160,461	95,203,983
300～999人	67	74	31,339	33,395	114,169,734	128,412,633	47,650,730	41,059,771
1000人以上	19	20	46,161	49,146	269,018,747	266,724,628	100,471,738	86,276,846
合計	14,034	15,082	291,620	310,022	818,053,898	824,217,578	331,032,668	313,555,589

1. 平成 22 年に対する平成 24 年の従業者規模ごとの事業所数の減少率を見ると、最大なのは「4 ～ 29 人」である。
2. 平成 22 年・平成 24 年ともに、従業者規模 4 人～ 299 人の企業の従業者数で、従業者総数の 8 割以上を占める。
3. 平成 22 年の従業者規模ごとの付加価値額をそれぞれ 100 としたときの平成 24 年の従業者規模ごとの付加価値額の指数をそれぞれ比較すると、最大なのは「1000 人以上」である。
4. 平成 24 年の従業者 1 人当たりの製造品出荷額等は、いずれの従業者規模においても、平成 22 年のそれを上回っている。
5. 平成 22 年の「1000 人以上」の 1 事業所当たりの付加価値額は、「300 ～ 999 人」のそれの 10 倍以上である。

桁の大きい数字がいっぱい出てきてストレスを感じるかもしれないけどがんばって！ 面倒な計算は後に回すことも考えてね。

肢1　22年 → 24年で、「4〜29人」の事業所数は 13,593 → 12,583 で、1,010 の減少ですから、減少率は8%に及びません。一方、「300〜999人」のそれは 74 → 67 で、7 減少しており、減少率は9%を超えます。

13,000の8%は1,040、74の9%は6.66だからね。

　　よって、減少率が最大なのは「4〜29人」ではありません。

肢2　22年の従業者数の合計は 310,022 ですから、これの8割は 240,000 を超えます。

　　しかし、同年の「4〜29人」と「30〜299人」の従業者数の合計は、130,616 + 96,865 で、明らかに 240,000 に及びません。

24年も8割には達していないようだね！

　　よって、この年は8割に及びません。

従業者規模	事業所数		従業者数（人）		製造品出荷額等（万円）		付加価値額（万円）	
	平成24年	平成22年	平成24年	平成22年	平成24年	平成22年	平成24年	平成22年
4〜29人	12,583	13,593	121,296	130,616	189,071,731	189,068,160	89,749,739	91,014,989
30〜299人	1,365	1,395	92,824	96,865	245,793,686	240,012,157	93,160,461	95,203,983
300〜999人	67	74	31,339	33,395	114,169,734	128,412,633	47,650,730	41,059,771
1000人以上	19	20	46,161	49,146	269,018,747	266,724,628	100,471,738	86,276,846
合計	14,034	15,082	291,620	310,022	818,053,898	824,217,578	331,032,668	313,555,589

　　　　　　　　　肢1　　　　　肢2　　　　　　　　　　　　　肢3

肢3　22年 → 24年で、付加価値額が増加しているのは「300〜999人」と「1000人以上」だけですから、これらの 22 年に対する 24 年の比率を比較します。

　　まず、「300〜999人」は、41,059,771 → 47,650,730 で、約 6,600,000 の増加ですから、増加率は 15 〜 17%程度でしょう。

　　一方、「1000人以上」は、86,276,846 → 100,471,738 で、14,000,000 〜 15,000,000 の増加ですから、こちらも同じくらいの増加率になります。

　　そうすると、これ以上は計算するしかありません。

後回しが賢明だね！

　　確認すると、次のように、「1000人以上」のほうが大きいとわかります。

$$（300 \sim 999 人）\quad \frac{47,650,730}{41,059,771} \times 100 \fallingdotseq 116.05$$

$$（1000 人以上）\quad \frac{100,471,738}{86,276,846} \times 100 \fallingdotseq 116.45$$

よって、「1000 人以上」が最大で、本肢は妥当です。

肢 4 「300 ～ 999 人」について、「製造品出荷額等 ÷ 従業者数」の 24 年と 22 年を比較すると、次のようになります（基本事項①）。

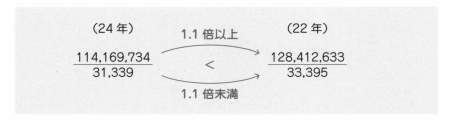

よって、この規模では 22 年のほうが大きいとわかります。

肢 5 22 年の「付加価値額 ÷ 事業所数」は次のようになります。

（300 ～ 999 人）　41,059,771 ÷ 74
（1000 人以上）　86,276,846 ÷ 20

「300 ～ 999 人」のほうは、<u>500,000 以上あ</u>りますが、「1000 人以上」のほうは 5,000,000 に及びませんので、後者は前者の 10 倍未満です。

40,000,000 ÷ 80 で 500,000 だからね。

肢 4

従業者 規模	事業所数		従業者数（人）		製造品出荷額等（万円）		付加価値額（万円）	
	平成24年	平成22年	平成24年	平成22年	平成24年	平成22年	平成24年	平成22年
4〜29人	12,583	13,593	121,296	130,616	189,071,731	189,068,160	89,749,739	91,014,989
30〜299人	1,365	1,395	92,824	96,865	245,793,686	240,012,157	93,160,461	95,203,983
300〜999人	67	74	31,339	33,395	114,169,734	128,412,633	47,650,730	41,059,771
1000人以上	19	20	46,161	49,146	269,018,747	266,724,628	100,471,738	86,276,846
合計	14,034	15,082	291,620	310,022	818,053,898	824,217,578	331,032,668	313,555,589

肢 5

 正解 3

きちんと計算

肢 1　4〜29人　　1,010 ÷ 13,593 ≒ 0.074（＝ 7.4%）
　　　300〜999人　7 ÷ 74 ≒ 0.095（＝ 9.5%）

肢 4　22年　128,412,633 ÷ 33,395 ≒ 3,845
　　　24年　114,169,734 ÷ 31,339 ≒ 3,643

肢 5　300〜999人　41,059,771 ÷ 74 ≒ 554,862
　　　1000人以上　　86,276,846 ÷ 20 ≒ 4,313,842

次の図から正しくいえるのはどれか。

日本における民生用電気機械器具4器具の生産数量の**対前年増加率**の推移

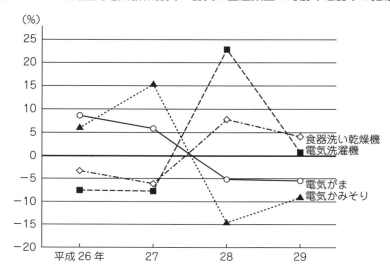

1. 平成25年における電気洗濯機の生産数量を100としたとき、28年の電気洗濯機の生産数量の指数は110を上回っている。
2. 平成25年から27年までの各年についてみると、電気がまの生産数量に対する電気かみそりの生産数量の比率が最も小さいのは25年である。
3. 平成26年から28年までの3か年における食器洗い乾燥機の生産数量の年平均は、25年における食器洗い乾燥機の生産数量を下回っている。
4. 平成26年から29年までのうち、電気洗濯機の生産数量が最も多いのは28年であり、最も少ないのは26年である。
5. 平成29年における民生用電気機械器具4器具の生産数量についてみると、生産数量が27年に比べて増加したのは電気かみそりだけである。

東京都の No.18 のパターンだよ（10ページ参照）。肢1や肢3は概算で判断できるようになったかな？

肢1　電気洗濯機の26年は、前年より約7.5％減少して、指数は約92.5です。27年はさらに約7.5％減少して、指数は85 〜 86程度ですね。そうすると、28年は約23％増加していますが、指数は110には届きません。

92.5の7.5％は7.0位だから、85.5位だね。これの23％は20弱ってとこかな！

肢2　26年は、電気かみそりの増加率＜電気がまの増加率ですから、電気がまに対する電気かみそりの比率は25年 ＞ 26年とわかります（基本事項⑦）。

　　　よって、最も低いのは25年ではありません。

肢3　食器洗い乾燥機の25年を100とすると、26年は約3.5％減少して、指数は約96.5です。27年はさらに約6％減少して、指数は91程度ですね。28年は約8％増加していますが、指数100に届かないでしょう。

　　　これより、26年 〜 28年の年平均は100に足りませんので、25年を下回っており、本肢は正しくいえます。

肢4　電気洗濯機の29年の増加率はわずかにプラスですから、28年 ＜ 29年となり、最も多いのは28年ではありません。

　　　また、27年の増加率はマイナスですから、26年 ＞ 27年となり、最も少ないのも26年ではありません。

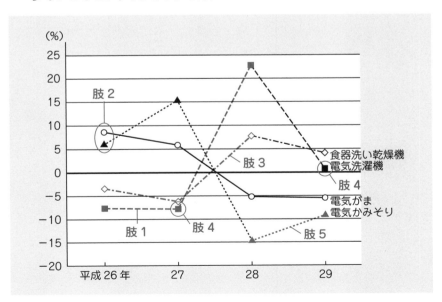

肢5 電気かみそりの増加率は、28年，29年ともマイナスですから、27年に比べて29年は減少しており、電気がまも同様です。

　一方、電気洗濯機と食器洗い乾燥機の増加率は、28年，29年ともプラスですから、27年に比べて29年は増加しています。

正解 3

きちんと計算

肢1　$100 \times (1 - 0.075) \times (1 - 0.075) \times 1.23 \fallingdotseq 105.2$

肢3　27年　$96.5 \times (1 - 0.06) \fallingdotseq 90.7$
　　　28年　$90.7 \times 1.08 \fallingdotseq 98.0$
　　　26年〜28年の平均　$(96.5 + 90.7 + 98.0) \div 3 \fallingdotseq 95.1$

平成 30 年産及び令和元年産の普通大豆について、表は五つの産地・粒別・品種銘柄（以下「5 銘柄」という。）及び全国の入札取引結果を表している。また、図は 5 銘柄及び全国の落札数量の等級別割合を示している。これらから確実にいえることとして最も妥当なのはどれか。

ただし、落札金額合計は落札数量と平均落札価格の積とする。

表　普通大豆の入札取引結果

産地・粒別・品種銘柄	平成 30 年産（H 30）		令和元年産（R 1）	
	落札数量 （60kg 俵数）	平均落札価格 （円／60kg）	落札数量 （60kg 俵数）	平均落札価格 （円／60kg）
北海道・大粒・とよまさり	94,060	8,625	140,320	10,370
北海道・小粒・ユキシズカ	15,108	18,592	21,120	9,281
秋田・大粒・リュウホウ	7,260	8,093	19,800	9,836
新潟・大粒・里のほほえみ	11,880	8,139	4,620	10,161
福岡・大粒・フクユタカ	12,886	9,559	330	24,260
全国	329,117	9,233	385,972	10,461

図　普通大豆の落札数量の等級別割合

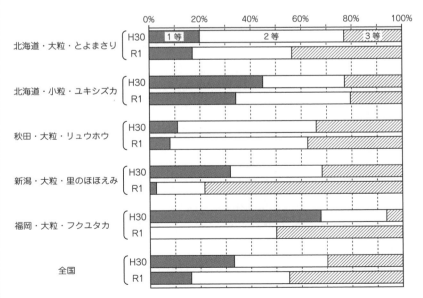

1. 「秋田・大粒・リュウホウ」についてみると、令和元年産の3等の落札数量は、平成30年産のそれの4倍を超えている。
2. 「新潟・大粒・里のほほえみ」についてみると、令和元年産の1等の落札数量は、平成30年産のそれの10分の1以下である。
3. 令和元年産の2等の落札数量についてみると、全国に占める「北海道・大粒・とよまさり」の割合は、50%を超えている。
4. 5銘柄のうち、平均落札価格が平成30年産よりも令和元年産の方が高い銘柄は全て、3等の落札数量は平成30年産よりも令和元年産の方が多い。
5. 5銘柄のうち、落札数量に占める3等の割合が平成30年産よりも令和元年産の方が低い銘柄は全て、落札金額合計が平成30年産よりも令和元年産の方が大きい。

かけ算の比較（基本事項②）を使うけど、明らかに判断できる内容が多いから、式を書き上げるまでもないかな。

肢1 「秋田・大粒・リュウホウ」の3等の割合は、30年産が約34%、元年産が約37%ですから、それぞれの落札数量は、次のようになります（基本事項②）。

（30年）	7,260	×	34%
	↓3倍未満		↓1.1倍程度
（元年）	19,800	×	37%

これより、30年産に対する元年産の割合は、3 × 1.1 = 3.3（倍）にも及ばない程度とわかり、4倍は超えません。

肢2 「新潟・大粒・里のほほえみ」の1等の割合は、30年産が約32%、元年産が約3%ですから、それぞれの落札数量は次のようになり、元年産は30年産の10分の1以下とわかります。

（30年）	11,880	×	32%
	↓半分以下		↓10分の1程度
（元年）	4,620	×	3%

よって、本肢は確実にいえます。

肢3 元年産の2等の割合は、「北海道・大粒・とよまさり」は約39%、「全国」では約38%ですから、それぞれの落札数量は次のようになり、同銘柄は「全国」の50%を超えないとわかります。

	「北海道・大粒・とよまさり」	140,320	×	39%
		↑ 40%未満		↑ 若干多い
	「全国」	385,972	×	38%

肢3　肢5

産地・粒別・品種銘柄	平成30年産（H30）		令和元年産（R1）	
	落札数量 （60kg 俵数）	平均落札価格 （円/60kg）	落札数量 （60kg 俵数）	平均落札価格 （円/60kg）
北海道・大粒・とよまさり	94,060	8,625	140,320	10,370
北海道・小粒・ユキシズカ	15,108	18,592	21,120	9,281 ←
秋田・大粒・リュウホウ	7,260	肢1 8,093	19,800	9,836
新潟・大粒・里のほほえみ	11,880	肢2 8,139	4,620	10,161
福岡・大粒・フクユタカ	12,886	肢4 9,559	330	24,260
全国	329,117	9,233	385,972	10,461

肢3

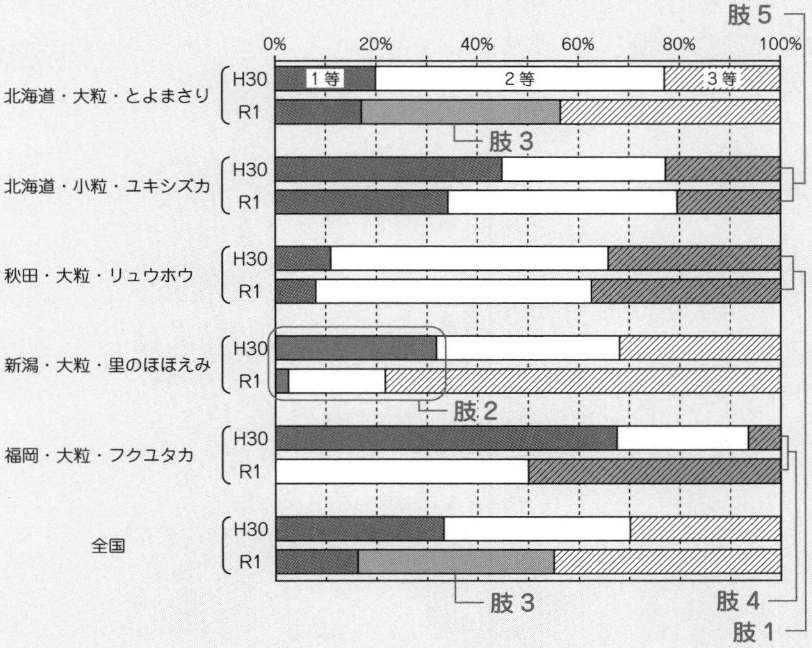

肢4 「福岡・大粒・フクユタカ」について見ると、平均落札価格は、30年産 ＜元年産ですが、3等の落札数量は次のようになり、30年産＞元年産と わかります。

	(30年)	12,886	×	7%
		↑30倍以上		↓10倍未満
	(元年)	330	×	50%

肢5 3等の割合が、30年産＞元年産である銘柄は、「北海道・小粒・ユキシ ズカ」のみですが、これの落札金額合計は、次のようになり、30年産＞ 元年産とわかります。

	(30年)	15,108	×	18,592
		↓2倍未満		↑2倍以上
	(元年)	21,120	×	9,281

 正解 2

次の図から確実にいえるのはどれか。

大学入学者数及びその学科別構成比の推移

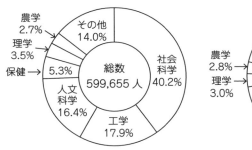

2000 年度

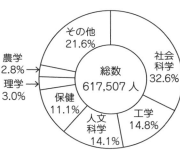

2015 年度

1. 2000 年度の工学の大学入学者数を 100 としたときの 2015 年度のそれの指数は、90 を上回っている。

2. 2015 年度における理学の大学入学者数に対する社会科学の大学入学者数の比率は、2000 年度におけるそれを上回っている。

3. 保健の大学入学者数の 2000 年度に対する 2015 年度の増加数は、農学の大学入学者数のそれの 35 倍を上回っている。

4. 社会科学の大学入学者数の 2000 年度に対する 2015 年度の減少率は、人文科学の大学入学者数のそれより大きい。

5. 2015 年度の社会科学の大学入学者数は、2000 年度のそれの 0.9 倍を上回っている。

> 特別区 No.24 でほぼ毎年出題されている円グラフの問題（11 ページ参照）で、平均して難易度は高い！ 肢 3 のように、増加数を比較させる肢には要注意かな！

肢 1　工学の 2000 年に対する 2015 年の比率を求めます。

　　まず、2000 年→ 2015 年で、総数は 599,655
→ 617,507 で、18,000 弱増えていますが、これは
599,655 の 3%程度に過ぎません。

600,000 × 3 % = 18,000 だからね。

　　また、工学の構成比は 17.9 → 14.8 で、3.1 減っており、これは 17.9 の 17 〜 18%位あります。

そうすると、「総数×構成比」は<u>10％以上減</u>
<u>少していると判断でき、2015 年の指数が 90</u>
<u>を上回ることはありません。</u>

> 100 から 17％減少する
> と 83 だから、ここから
> 3％増えても 90 には満
> たないよね。

肢2 2000 年の理学の構成比は 3.5、社会科学は
40.2 ですから、後者は前者の 11 倍以上ありま
す。

　一方、2015 年の理学は 3.0、社会科学は 32.6 ですから、こちらは 11
倍に及びません。

　よって、2015 年の理学に対する社会科学の比率は、2000 年のそれよ
り大きくありません。

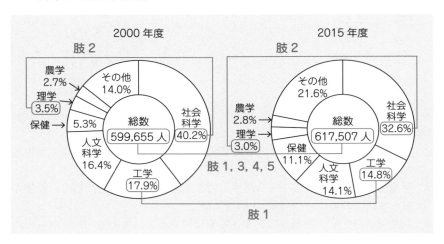

肢3 2000 年 → 2015 年で、保健の構成比は 5.3 → 11.1 とけっこう増えて
いますが、農学のそれは 2.7 → 2.8 でわずかしか増えていません。そうす
ると、前者の増加数は後者の 35 倍ほどあっても不思議ではありませんが、
きちんと計算してみないと何ともいえませんね。ここは後回しが賢明で
しょう。確認すると次のようになり、35 倍に及びません。

（保健）617,507 × 11.1％ − 599,655 × 5.3％ ≒ 68,543 − 31,782 = 36,761
（農学）617,507 × 2.8％ − 599,655 × 2.7％ ≒ 17,290 − 16,191 = 1,099
保健の増加数 ÷ 農学の増加数 = 36,761 ÷ 1,099 ≒ 33.4（倍）

肢4 社会科学と人文科学の 2000 年に対する 2015 年の比率は次のように表
せます。

166

（社会科学）	（人文科学）

$$\frac{617,507 \times 32.6\%}{599,655 \times 40.2\%} \qquad \frac{617,507 \times 14.1\%}{599,655 \times 16.4\%}$$

　総数の部分は共通ですから、構成比の部分だけで比較すると、社会科学の $\frac{32.6}{40.2}$ は 0.8 程度ですが、人文科学の $\frac{14.1}{16.4}$ は 0.86 ほどあり、人文科学のほうが比率は高く、減少率は社会科学のほうが大きいとわかります。

　よって、本肢は確実にいえます。

> 分子と分母の差は 2.3 で、これは 16.4 の約 14%だからね。

肢5　肢 4 より、社会科学の構成比は 20% 弱減少していますので、肢 1 同様に、入学者数は 10% 以上減少していると判断でき、0.9 倍を上回っていません。

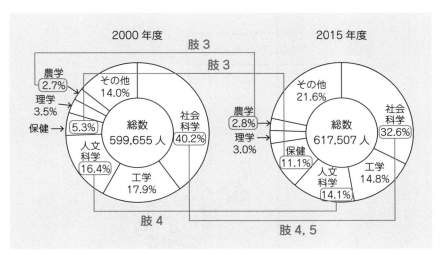

きちんと計算

肢1　$\dfrac{617{,}507 \times 0.148}{599{,}655 \times 0.179} \fallingdotseq 0.851$（指数 85.1）

肢4，5　社会科学　$\dfrac{617{,}507 \times 0.326}{599{,}655 \times 0.402} \fallingdotseq 0.835$（減少率 16.5％）

人文科学　$\dfrac{617{,}507 \times 0.141}{599{,}655 \times 0.164} \fallingdotseq 0.885$（減少率 11.5％）

だんだん難しくなるよ！

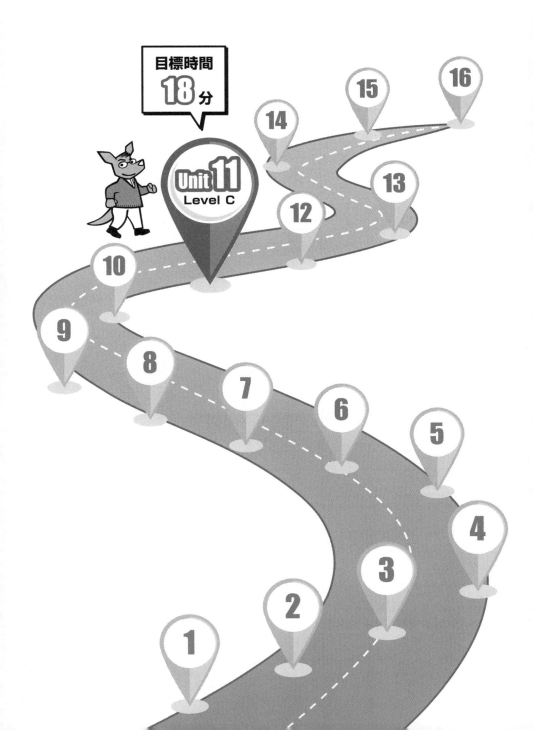

目標時間
18分

Unit 11
Level C

図は、1996 ～ 2016 年のオリンピック競技大会における、男女別の我が国のメダル獲得数及び男女それぞれの獲得したメダルに占める金メダルの割合を示したものであり、表は、これらの大会における我が国のメダル獲得数を種類別に示したものである。これらから確実にいえるのはどれか。

なお、これらの大会において、男女混合種目ではメダルを獲得していない。

図　男女別メダル獲得数及び獲得したメダルに占める金メダルの割合

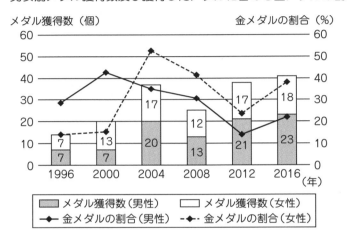

表　種類別メダル獲得数　　　　（単位：個）

	1996 年	2000 年	2004 年	2008 年	2012 年	2016 年
金メダル	3	5	16	9	7	12
銀メダル	6	8	9	8	14	8
銅メダル	5	7	12	8	17	21

1. 1996 ～ 2016 年について金メダルの獲得数を男女別に比較すると、1996 年は男性の方が多かったが、2000 年以降は一貫して女性の方が多かった。
2. 1996 ～ 2016 年についてみると、獲得したメダルに占める銀メダルの割合が最も低かったのは 1996 年で、最も高かったのは 2012 年である。
3. 1996 ～ 2016 年について金メダルの獲得数を男女別にみると、最も多かったのは男性も女性も 2016 年である。
4. 2000 年の女性のメダル獲得数についてみると、銀メダルと銅メダルをそれぞれ少なくとも 3 個以上獲得している。

5. 2012年の男性のメダル獲得数についてみると、銀メダルと銅メダルをそれぞれ少なくとも5個以上獲得している。

> 金メダルの男女別の個数は図から求められるよね。銀メダルと銅メダルの男女別の個数はわからないけど、肢4，5はよく考えてみてね。

肢1 1996年のメダル獲得数は男女とも同じ7個ですが、金メダルの割合は男性のほうが大きいので、金メダルの獲得数も男性のほうが多いですね。

また、2000年の金メダル獲得数を計算すると、男性は7×約43％＝3、女性は13×約15％＝2ですから、2000年も男性のほうが多いとわかります。

肢2 1996年のメダル獲得数は、3＋6＋5＝14で、このうち銀メダルは6個ですから、その割合は4割を超えます。一方、2012年のメダル獲得数は、7＋14＋17＝38で、銀メダルは14個ですから、割合は4割に及びません。

よって、銀メダルの割合は、1996年＞2012年ですから、最も低かったのは1996年ではありませんし、最も高いのも2012年ではありません。

肢3 男女ともに最多であれば、男女を合わせた数も当然最多のはずです。しかし、2016年の金メダルの獲得数は12個で、2004年に及びません。よって、男女ともに2016年が最多ということはありません。

肢4 2000年の男性のメダル獲得数は7個で、肢1より、金メダルは3個ですから、銀メダルと銅メダルは合わせて4個です。

これより、男性の銀メダルの獲得数は4個以下で、男女合わせた銀メダルの獲得数は8個ですから、女性の銀メダルの獲得数は4個以上とわかります。

同様に、男性の銅メダルの獲得数も4個以下で、男女合わせた銅メダルの獲得数は7個ですから、女性の銅メダルの獲得数は3個以上とわかります。

よって、本肢は確実にいえます。

> 銀メダルと銅メダルの数はわからないから、判断不可能といいたくなるけど、本肢のように、「少なくとも○個」とかならわかることがあるから注意してね。

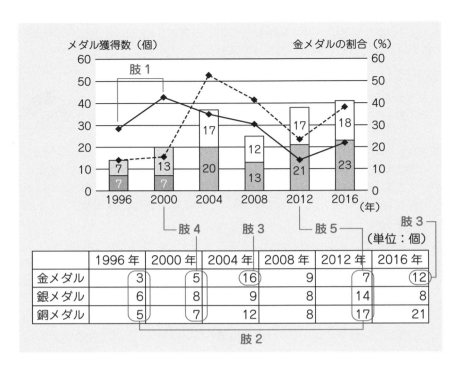

	1996 年	2000 年	2004 年	2008 年	2012 年	2016 年
金メダル	3	5	16	9	7	12
銀メダル	6	8	9	8	14	8
銅メダル	5	7	12	8	17	21

肢5 肢4と同様に確認すると、2012年の女性のメダル獲得数は17個で、金メダルは、17×約23％＝4ですから、銀メダルと銅メダルで13個です。

これより、男性の銀メダルの獲得数は、14－13＝1以上で、銅メダルの獲得数は、17－13＝4以上とわかりますが、確実に5個以上獲得しているとはいえません。

 正解 4

きちんと計算

肢2　銀メダルの割合　1996 年　6 ÷ 14 ≒ 0.429（最大）
2000 年　8 ÷ 20 = 0.4
2004 年　9 ÷ 37 ≒ 0.243
2008 年　8 ÷ 25 = 0.32
2012 年　14 ÷ 38 ≒ 0.368
2016 年　8 ÷ 41 ≒ 0.195（最小）

次の表から確実にいえるのはどれか。

政府開発援助額の対前年増加率の推移

（単位　％）

供　与　国	2015 年	2016	2017	2018	2019
アメリカ	△ 6.4	11.1	0.9	△ 2.7	△ 2.4
ド イ ツ	8.3	37.9	1.1	2.7	△ 6.0
イ ギ リ ス	△ 3.9	△ 2.7	0.3	7.5	△ 0.5
フ ラ ン ス	△14.9	6.4	17.8	13.3	△ 6.7
日　　　本	△ 0.7	13.2	10.0	△12.2	16.5

（注）△は、マイナスを示す。

1．表中の各年のうち、イギリスの政府開発援助額が最も多いのは、2015 年である。

2．2015 年のドイツの政府開発援助額を 100 としたときの 2019 年のそれの指数は、130 を下回っている。

3．2016 年のフランスの政府開発援助額は、2018 年のそれの 70％を下回っている。

4．2019 年の日本の政府開発援助額は、2016 年のそれの 1.2 倍を下回っている。

5．2017 年において、ドイツの政府開発援助額の対前年増加額は、アメリカの政府開発援助額のそれを上回っている。

> 増加率がけっこう大きい数値もあるから要注意！ 基本事項⑥を確認して！

肢 1　イギリスの、2016 年，2017 年，2018 年の対前年増加率は、−2.7％，0.3％，7.5％で、合計すると 5.1％ですから、2015 年に対して 2018 年は増加していると判断できます（基本事項⑥）。

　　　よって、最も多いのは 2015 年ではありません。

肢 2　ドイツの 2015 年を 100 とすると、<u>2016 年は 137.9</u> となります。また、2017 年，2018 年，2019 年の対前年増加率は、1.1％，2.7％，−6.0％で、合計すると−2.2％です。137.9 の 2.2％は 3 程度ですから、これを引いても 130 を下回ることはないので、2019

2016 年の増加率は大きいから、この年の数値は認識しておこう！

年の指数は 130 を下回っていないと判断できます。

供与国	2015 年	2016	2017	2018	2019
アメリカ	△ 6.4	11.1	0.9	△ 2.7	△ 2.4
ドイツ	8.3	37.9	1.1	2.7	△ 6.0
イギリス	△ 3.9	△ 2.7	0.3	7.5	△ 0.5
フランス	△14.9	6.4	17.8	13.3	△ 6.7
日本	△ 0.7	13.2	10.0	△12.2	16.5

肢1　　　　肢2　　（単位　％）

肢3　　　肢4

（注）△は、マイナスを示す。

肢3　70 に対する 100 は 1.4 倍以上になりますので、仮に、2018 年を 100 としたときの 2016 年の値が 70 を下回っているならば、2016 年 → 2018 年で 40％以上の増加があったことになります。

　　しかし、フランスの 2017 年，2018 年の対前年増加率は、17.8％，13.3％で、合計すると 31.1％ですから、誤差を考慮しても 40％以上の増加はないと判断できます。

　　よって、2018 年に対する 2016 年は 70％を下回ってはいません。

肢4　日本の、2017 年，2018 年，2019 年の対前年増加率は、10.0％，−12.2％，16.5％で、合計すると 14.3％ですから、誤差を考慮しても 20％以上の増加はないと判断できます。

　　よって、2019 年は 2016 年の 1.2 倍を下回り、本肢は確実にいえます。

肢5　データから、ドイツとアメリカの増加額を比較することはできません。

 正解 4

174

肢1　2015年を100とした2018年の値
　　　$100 \times (1 - 0.027) \times (1 + 0.003) \times (1 + 0.075) \fallingdotseq 104.9$

肢2　$137.9 \times (1 + 0.011) \times (1 + 0.027) \times (1 - 0.06) \fallingdotseq 134.6$

肢3　2016年に対する2018年の割合
　　　$(1 + 0.178) \times (1 + 0.133) \fallingdotseq 1.33$
　　　2018年を100とした2016年の値
　　　$100 \div 1.33 \fallingdotseq 75.2$

肢4　2016年に対する2019年の値
　　　$(1 + 0.1) \times (1 - 0.122) \times (1 + 0.165) \fallingdotseq 1.125$

　図は、ある年における、A〜D県の人口 100 万人当たりの社会教育施設数（ただし、全国におけるそれを 100 とする。）を示したものである。また、表は、同年の A〜D県の全国総人口に占める人口割合を示したものである。これらから確実にいえるのはどれか。

図　人口 100 万人当たりの社会教育施設数

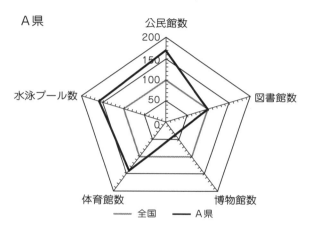

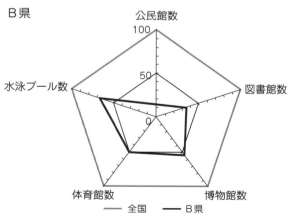

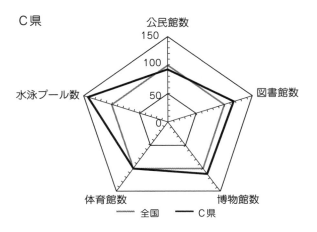

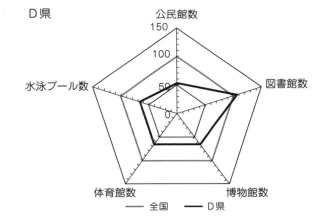

表　全国総人口に占める人口割合

（単位：%）

A県	1.07
B県	7.09
C県	2.23
D県	1.10
全国	100.00

1. A県の体育館数は、B県のそれの2倍以上である。
2. 全国の水泳プール数に占めるC県のそれの割合は、5％以上である。
3. C県では、博物館数が公民館数を上回っている。
4. 公民館数, 図書館数, 博物館数の合計が最も少ないのは、D県である。
5. D県の図書館数は、A県のそれを上回っている。

図の指数と表の構成比をかけると、各県の施設数が比較できるよね。でも、異なる施設の数は比較できないから注意して！

肢1 人口100万人当たりの体育館数は、A県の指数140、B県の指数50より、A県がB県の2.8倍とわかります。

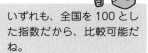
いずれも、全国を100とした指数だから、比較可能だね。

しかし、全国総人口に占める人口割合を見ると、A県は1.07％、B県は7.09％で、B県の人口はA県の6.5倍近くとわかります。

そうすると、A県とB県の体育館数は、人口割合×人口100万人当たり体育館の指数で比較できますが、B県のほうが多いと判断でき、A県はB県の2倍以上とはいえません。

肢2 C県の人口割合は2.23％で、水泳プール数の指数は140ですから、C県の水泳プール数は、全国の$2.23％ × \dfrac{140}{100}$ となりますが、5％には及びません。

人口100万人当たりのプールの数は、全国の1.4倍ほどあるってことだね！

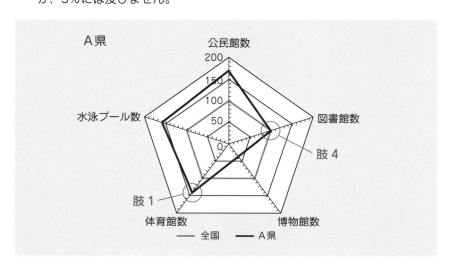

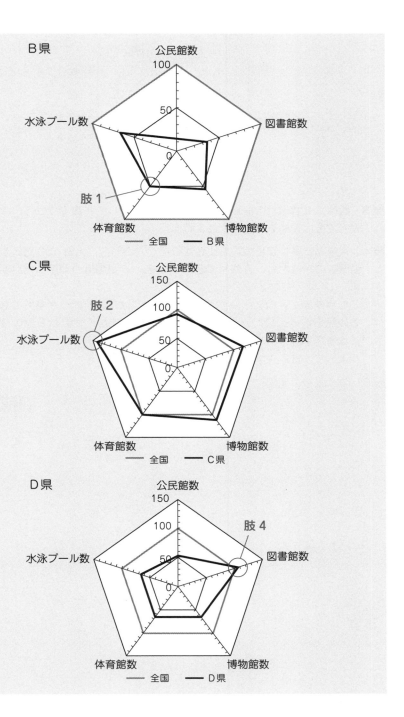

（単位：%）

A県	1.07	— 肢1，4
B県	7.09	— 肢1
C県	2.23	— 肢2
D県	1.10	— 肢4
全国	100.00	

肢3 図は、それぞれの施設の「全国を100」とした指数ですから、異なる施設の数を比較することはできません。

肢4 A県とD県の図書館数を比較すると、人口割合、人口100万人当たり図書館数の指数とも、A県 ＜ D県ですから、D県のほうが多いと判断できます。

そうすると、仮に公民館数と博物館数ではA県のほうが多くても、異なる施設の数は比較できませんので、3種類の施設の合計はD県のほうが多くなる可能性があります。

よって、最も少ないのはD県とは限りません。

肢5 肢4より、確実にいえます。

 正解 ▶ 5

　Ⅰ〜Ⅴの五つの支社をもつ企業がある。この企業は、製品A〜Dを販売している。図は、この企業の支社全体及び各支社における製品A〜Dの売上割合をグラフに表したものである。

　ある支社の支社全体に対する製品売上の比較優位の程度をはかる指標の一つとして特化係数が使われる。特化係数は以下の計算式により算出される。

　　　　ある支社における製品 X の特化係数

$$= \frac{\text{ある支社の製品 X の売上／ある支社の製品の総売上}}{\text{支社全体の製品 X の売上／支社全体の製品の総売上}}$$

支社における製品A〜Dの特化係数のグラフとして最も妥当なのはどれか。

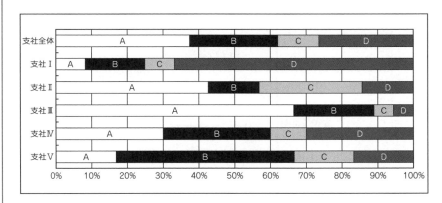

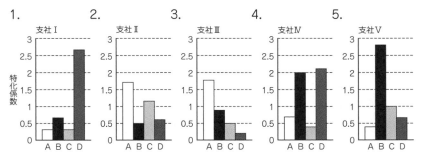

　グラフを選ぶ問題は、ダメな所を見つけて消去していけばいいので、けっこうサービス問題だったりする！ 解説は消去ポイントの一例だから、他のポイントで切っても、もちろん OK！

特化係数の計算式は、分母が支社全体の製品Xの構成比、分子がその支社の製品Xの構成比を意味するので、支社全体と比べて構成比が同じなら「1」、大きければ1より大きく、小さければ1より小さくなります。

　これをもとに、選択肢を検討します。

肢1　支社ⅠのAとCの構成比はほぼ同じですが、<u>支社全体ではAの構成比はCの3倍以上あるので、特化係数はAがCの3分の1以下</u>になるはずです。

> 分母（支社全体の構成比）が大きいほど分数（特化係数）は小さくなるよね！

　しかし、AとCの特化係数は**ほぼ**同じ値を示しており、妥当ではありません。

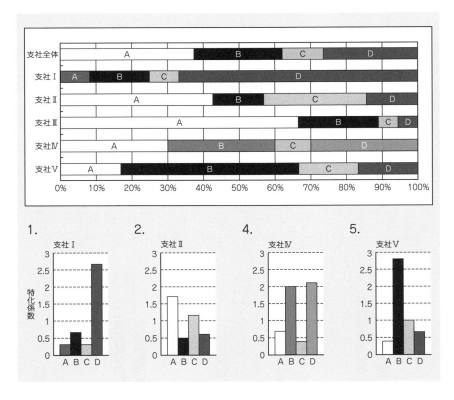

肢2　支社ⅡのCの構成比は、支社全体に比べて2倍を超えますが、Cの特化係数は**1.2**程度を示しており、妥当ではありません。

肢3　支社ⅢのA〜Dの特化係数は、概ね次のように確認でき、本肢は妥当です。

$$（A）\frac{66\%}{38\%}≒1.74 \qquad （B）\frac{22\%}{24\%}≒0.92$$

$$（C）\frac{6\%}{12\%}=0.5 \qquad （D）\frac{6\%}{26\%}≒0.23$$

肢4 支社ⅣのBとDの構成比は、いずれも支社全体のそれと比べてやや大きい程度ですが、特化係数はいずれも2以上を示しており、妥当ではありません。

肢5 支社ⅤのCの構成比は、支社全体のそれよりも大きいですが、特化係数は1を示しており、妥当ではありません。

正解 3

memo

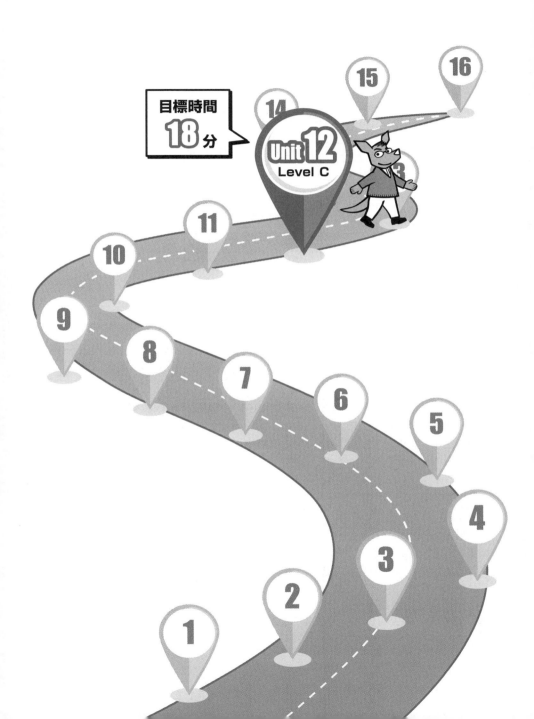

目標時間 **18**分

Unit **12**
Level C

15
16
14
13
11
10
9
8
7
6
5
4
3
2
1

　ある地点の 2015 年から 2018 年までの 4 年間について、表Ⅰは各月の平均気温を、表Ⅱは各月の月合計降水量の値を示したものである。これらから確実にいえるのはどれか。

表Ⅰ　各月の平均気温
（単位：℃）

	2015年	2016年	2017年	2018年
1 月	5.8	6.1	5.8	4.7
2 月	5.7	7.2	6.9	5.4
3 月	10.3	10.1	8.5	11.5
4 月	14.5	15.4	14.7	17.0
5 月	21.1	20.2	20.0	19.8
6 月	22.1	22.4	22.0	22.4
7 月	26.2	25.4	27.3	28.3
8 月	26.7	27.1	26.4	28.1
9 月	22.6	24.4	22.8	22.9
10 月	18.4	18.7	16.8	19.1
11 月	13.9	11.4	11.9	14.0
12 月	9.3	8.9	6.6	8.5

表Ⅱ　各月の月合計降水量
（単位：mm）

	2015年	2016年	2017年	2018年
1 月	92.5	85.0	26.0	48.5
2 月	62.0	57.0	15.5	20.0
3 月	94.0	103.0	85.5	220.0
4 月	129.0	120.0	122.0	109.0
5 月	88.0	137.5	49.0	165.5
6 月	195.5	174.5	106.5	155.5
7 月	234.5	81.5	81.0	107.0
8 月	103.5	414.0	141.5	86.5
9 月	503.5	287.0	209.5	365.0
10 月	57.0	96.5	531.5	61.5
11 月	139.5	139.0	47.0	63.0
12 月	82.5	84.0	15.0	44.0

1.　2015 年から 2018 年までの各年についてみると、月合計降水量の中央値は、一貫して増加している。

2.　2016 年の年降水量と 2017 年の年降水量を比べると、2016 年の方が多い。

3.　2016 年から 2018 年までの各月についてみると、月合計降水量が前年と比べて 20% 以上減少している月は、いずれも平均気温が前年と比べて減少している。

4.　2018 年の各月のうち、月合計降水量の対前年増加率が最も高いのは、12 月である。

5.　2018 年の各月の平均気温と同じ月の 2015 年から 2018 年までの 4 年間における平均気温を比べると、2018 年の方が上回っている月は半数以下である。

肢 1 の「中央値」のような統計用語が説明なしで出てくるのは珍しいよな。総合職なら知ってて当然ってことか!?

肢1 各年のデータは 12 か月分ですから、中央値は小さいほうから 6 番目と 7 番目の平均になります。

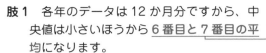

中央値とは、データを小さいほうから並べたときのちょうど真ん中の値のこと。データが偶数個なら、真ん中の 2 個の平均を取るよ。

　まず、2015 年の小さいほうから 6 番目は 3 月の 94.0、7 番目は 8 月の 103.5 ですから、その平均は、(94.0 + 103.5) ÷ 2 = 98.75 となります。

　同様に、2016 年の 6 番目と 7 番目は、3 月と 4 月で、平均は (103.0 + 120.0) ÷ 2 = 111.5、2017 年は 7 月と 3 月で、平均は (81.0 + 85.5) ÷ 2 = 83.25 となり、ここで一貫して増加してはいないことがわかります。

（単位：℃）

	2015年	2016年	2017年	2018年
1 月	5.8	6.1	5.8	4.7
2 月	5.7	7.2	6.9	5.4
3 月	10.3	10.1	8.5	11.5
4 月	14.5	15.4	14.7	17.0
5 月	21.1	20.2	20.0	19.8
6 月	22.1	22.4	22.0	22.4
7 月	26.2	25.4	27.3	28.3
8 月	26.7	27.1	26.4	28.1
9 月	22.6	24.4	22.8	22.9
10月	18.4	18.7	16.8	19.1
11月	13.9	11.4	11.9	14.0
12月	9.3	8.9	6.6	8.5

肢 1（色付き部分）　　（単位：mm）

	2015年	2016年	2017年	2018年
1 月	92.5	85.0	26.0	48.5
2 月	62.0	57.0	15.5	20.0
3 月	94.0	103.0	85.5	220.0
4 月	129.0	120.0	122.0	109.0
5 月	88.0	137.5	49.0	165.5
6 月	195.5	174.5	106.5	155.5
7 月	234.5	81.5	81.0	107.0
8 月	103.5	414.0	141.5	86.5
9 月	503.5	287.0	209.5	365.0
10月	57.0	96.5	531.5	61.5
11月	139.5	139.0	47.0	63.0
12月	82.5	84.0	15.0	44.0

肢 2

肢2 2016 年と 2017 年の月合計降水量を比較すると、2017 年のほうが多いのは 4 月と 10 月のみです。4 月の差はわずかですから、10 月の差を確認すると、2017 年のほうが 531.5 − 96.5 = 435 多いとわかります。

　　しかし、8 月については、2016 年のほうが 414.0 − 141.5 = 272.5 多く、また、5, 6, 9, 11, 12 月はいずれも 2016 年のほうが 60 以上多いので、この 6 か月だけで 2016 年のほうが 500 以上多いとわかります。

　　よって、年降水量は 2016 年のほうが多く、本肢は確実にいえます。

肢3 2016 年 9 月, 2017 年 11 月, 2018 年 8 月, 10 月の月合計降水量は、前年と比べて <u>20％以上減少</u>していますが、平均気温は前年と比べて増加しています。

> まずは、明らかに 20％以上減っているところを見てみよう！

肢4 2017 年 → 2018 年で、12 月は 15.0 → 44.0 ですから、3 倍まで増加していません。一方、5 月は 49.0 → 165.5 で、3 倍以上です。

　　よって、対前年増加率が最も高いのは 12 月ではありません。

肢5 3 月, 4 月, 6 月, 7 月, 8 月, 10 月, 11 月の 7 か月は、いずれも 2018 年の平均気温が 4 年間の中で最大ですから、明らかに 4 年間の平均気温を上回っています。

　　よって、半数以下ではありません。

(単位：℃)

	2015年	2016年	2017年	2018年
1月	5.8	6.1	5.8	4.7
2月	5.7	7.2	6.9	5.4
3月	10.3	10.1	8.5	(11.5)
4月	14.5	15.4	14.7	(17.0)
5月	21.1	20.2	20.0	19.8
6月	22.1	22.4	22.0	(22.4)
7月	26.2	25.4	27.3	(28.3)
8月	26.7	27.1	26.4	(28.1)
9月	22.6	24.4	22.8	22.9
10月	18.4	18.7	16.8	(19.1)
11月	13.9	11.4	11.9	(14.0)
12月	9.3	8.9	6.6	8.5

肢3（色付き部分）　　　　肢5

(単位：mm)

	2015年	2016年	2017年	2018年
1月	92.5	85.0	26.0	48.5
2月	62.0	57.0	15.5	20.0
3月	94.0	103.0	85.5	220.0
4月	129.0	120.0	122.0	109.0
5月	88.0	137.5	(49.0)	165.5
6月	195.5	174.5	106.5	155.5
7月	234.5	81.5	81.0	107.0
8月	103.5	414.0	141.5	86.5
9月	503.5	287.0	209.5	365.0
10月	57.0	96.5	531.5	61.5
11月	139.5	139.0	47.0	63.0
12月	82.5	84.0	(15.0)	44.0

肢4

正解 2

アドバイス

肢1は、小さいほうから1番目、2番目…、と順に探さなくても、まず、2桁の数値がいくつあるか数えてみよう！ 2015年は6個だから、その中で一番大きいのが「6番目」、3桁の中で一番小さいのが「7番目」だね。

きちんと計算

肢2　2016年　85.0＋57.0＋103.0＋120.0＋137.5＋174.5＋
　　　　　　81.5＋414.0＋287.0＋96.5＋139.0＋84.0＝1,779.0

　　　2017年　26.0＋15.5＋85.5＋122.0＋49.0＋106.5＋
　　　　　　81.0＋141.5＋209.5＋531.5＋47.0＋15.0＝1,430.0

図は、ある年における住宅の面積と価格に関し、世界の主な都市を比較したものである。これらからいえることとして最も妥当なのはどれか。

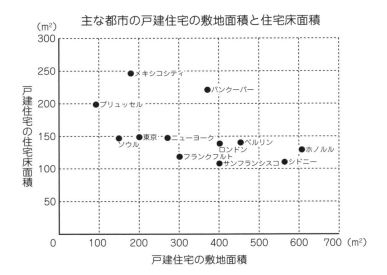

主な都市の戸建住宅の敷地面積と住宅床面積

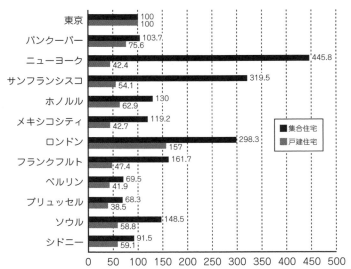

東京を 100 とした住宅価格指数（OECD 購買力平価換算）

1. 戸建住宅について、敷地面積に対する住宅床面積の割合が5割を下回る都市は7都市である。
2. 戸建住宅の、敷地面積当たりの価格（価格はOECD購買力平価換算。以下同じ。）が最も高いのは東京である。
3. 戸建住宅の、住宅床面積当たりの価格が最も高いのは東京である。
4. 集合住宅の、住宅床面積当たりの価格が最も高いのはニューヨークである。
5. ニューヨークの集合住宅の価格は、ブリュッセルの戸建住宅の価格の約12倍である。

肢1は、補助線を引くとわかりやすいかな？

肢1 よこ軸に対するたて軸の割合が5割のところに線を引くと、次図のようになります。

5割を下回るのは、この線より右下で、この範囲の都市の数を数えると6都市となります。

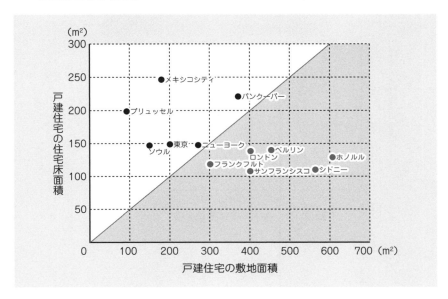

肢2 東京の戸建住宅の敷地面積は200、価格は100ですから、敷地面積に対する価格を $\dfrac{100}{200}$ と表します。

他の都市についても同様に表すことを考えると、メキシコシティ，ブリュッセル，ソウル，ロンドン以外の都市はいずれも、分母は東京より大きく、分子は東京より小さくなるので、東京の方が高いとわかります。

あとは、この 4 都市ですが、敷地面積は、メキシコシティが 180、ブリュッセルが 90、ソウルが 150、ロンドンが 400 程度と読み取れますので、それぞれ次のように表せます。

（メキシコシティ）　（ブリュッセル）　　（ソウル）　　　（ロンドン）

$$\frac{42.7}{180} \qquad\qquad \frac{38.5}{90} \qquad\qquad \frac{58.8}{150} \qquad\qquad \frac{157}{400}$$

この 4 都市はいずれも分子が分母の半分未満ですから、$\frac{100}{200} = \frac{1}{2}$ 未満となり、東京より高い都市はありません。

よって、最も高いのは東京とわかり、本肢は妥当です。

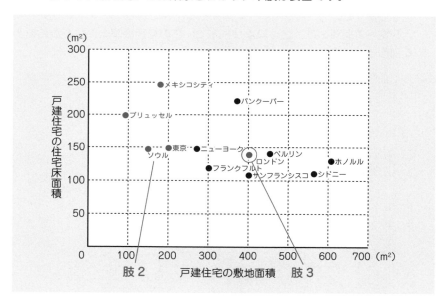

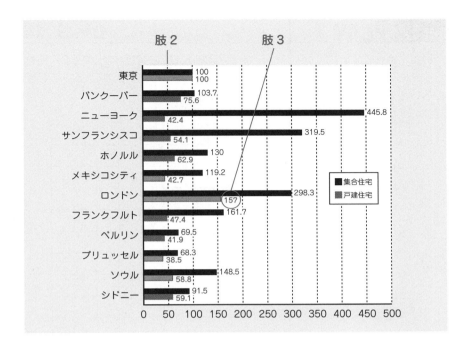

肢3　戸建住宅の価格が東京より高いロンドンに着目します。

　　価格は、東京＜ロンドンですが、住宅床面積は、東京＞ロンドンですから、住宅床面積に対する価格は、明らかに東京＜ロンドンとなり、最も高いのは東京ではありません。

肢4　**集合住宅の住宅床面積の情報**はありませんので、判断できません。

肢5　住宅価格は、集合住宅と戸建住宅それぞれの東京を100とした指数なので、集合住宅と戸建住宅では基準が異なります。

　　よって、比較することはできません。

図は、A～E国について、一人当たり GDP 及び公的教育支出の GDP 比を示したものであり、かっこ内の数値は各国の GDP の値を示している。この図からいえることとして最も妥当なのはどれか。

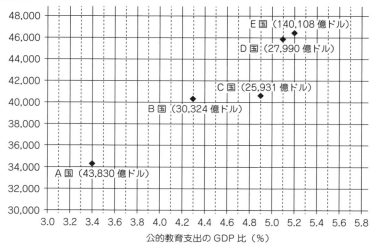

一人当たり GDP（ドル）

1. 一人当たり公的教育支出が 2 番目に多いのは E 国である。
2. 公的教育支出が 2 番目に多いのは B 国である。
3. 公的教育支出が 2 番目に多いのは C 国である。
4. 人口が 2 番目に多いのは A 国である。
5. 人口が 2 番目に多いのは D 国である。

公的教育支出や人口は、どうやって求めるかな？

肢 1　一人当たり公的教育支出は、「一人当たり GDP（たて軸の数値）×公的教育支出の GDP 比（よこ軸の数値）」で求められます。

　　これより、たて軸、よこ軸とも数値が最も大きい E 国は 1 番目で、次に大きい D 国が 2 番目とわかります。

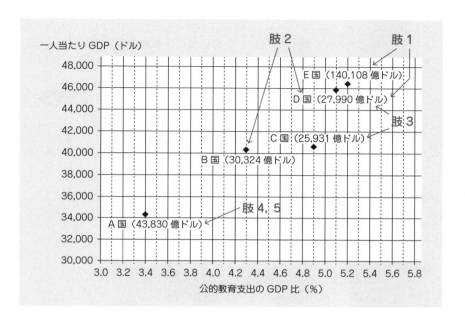

肢2 公的教育支出は、「GDP の値（かっこ内の数値）×公的教育支出の GDP 比（よこ軸の数値）」で求められ、ともに最も大きい E 国が 1 番目となります。

　　2 番目について、よこ軸の数値が 2 番目に大きい D 国が、かっこ内の数値が B 国とそれほど変わりませんので、この 2 国を比較すると次のようになります（基本事項②）。

（B国）	30,324	×	4.3%
	↑ 1.1 倍未満		↓ 1.1 倍以上
（D国）	27,990	×	5.1%

　　これより、D国のほうが大きく、2 番目は B 国ではありません。

肢3 肢2同様に考えると、かっこ内の数値、よこ軸の数値とも C 国より D 国のほうが大きいので、C 国も 2 番目ではありません。

肢4，5 人口は、「GDP の値（かっこ内の数値）÷一人当たりＧＤＰ（たて軸の数値）」で求められます。

　　まず、E 国については、「140,108 ÷ 約 46,500」となり、明らかに 2 億以上ありますが、他にこのような国はありませんので、人口も E 国が 1 番目とわかります。

また、2番目については、A国が「43,830÷約34,200」で1億を超えますが、その他の国はいずれも1億に及びませんので、2番目はA国とわかります。

よって、肢4は妥当です。

正解 4

きちんと計算

肢2，3　A国　43,830 × 0.034 ≒ 1,490（億ドル）
　　　　B国　30,324 × 0.043 ≒ 1,304（億ドル）
　　　　C国　25,931 × 0.049 ≒ 1,271（億ドル）
　　　　D国　27,990 × 0.051 ≒ 1,427（億ドル）
　　　　E国　140,108 × 0.052 ≒ 7,286（億ドル）

肢4，5　A国　43,830 ÷ 34,200 ≒ 1.28（億人）
　　　　B国　30,324 ÷ 40,500 ≒ 0.75（億人）
　　　　C国　25,931 ÷ 40,700 ≒ 0.64（億人）
　　　　D国　27,990 ÷ 46,000 ≒ 0.61（億人）
　　　　E国　140,108 ÷ 46,500 ≒ 3.01（億人）

次の図表から正しくいえるのはどれか。

4大学における受託研究実施件数の状況

大学別の受託研究実施件数（2013年度）　　　　　（単位：件）

A大学	B大学	C大学	D大学
1,266	757	903	602

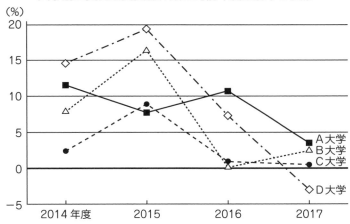

大学別の受託研究実施件数の**対前年度増加率**の推移

1. 2014年度におけるA大学の受託研究実施件数とB大学の受託研究実施件数の差は、500件を下回っている。
2. 2014年度におけるC大学の受託研究実施件数を100としたとき、2017年度におけるC大学の受託研究実施件数の指数は120を上回っている。
3. 2015年度から2017年度までの3か年度におけるD大学の受託研究実施件数の累計は、2,700件を下回っている。
4. 2015年度から2017年度までの各年度についてみると、A大学の受託研究実施件数に対するC大学の受託研究実施件数の比率は、いずれの年度も0.65を上回っている。
5. 2017年度におけるB大学の受託研究実施件数は、2016年度におけるB大学の受託研究実施件数に比べて40件以上増加している。

東京都のNo.20のパターンだね。このタイプは、同じ増加率の問題でもNo.18のパターンよりちょっと面倒なのが多いかな!?

肢 1 2013年のA大学は1,266、B大学は757で、この時点で500以上の差があります。また、2014年は、A大学のほうがB大学より増加率が大きいので、その差はさらに広がっているとわかり、2014年の差が500を下回ることはありません。

肢 2 C大学の2015年の増加率は約9%ですから、ここで指数は約109となります。しかし、2016年，2017年の増加率は、約1%，約0.5%ですから、この程度の増加で2017年に120に届くことはありません。

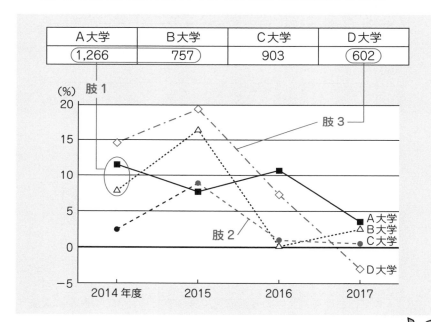

A大学	B大学	C大学	D大学
1,266	757	903	602

肢 3 D大学の2013年は602で、2014年は約14.5%の増加ですから、ここで690程度になります。また、2015年は約19%増加していますが、ここでも830に及ばない程度です。

600×15%＝90だからね。

さらに、2016年は約7%増加していますが、ここでも900には及びませんね。そして、2017年は増加率がマイナスですから、当然900に及びません。

700×20%＝140を、690に上乗せしても830だからね。

これより、3年間すべて900を下回っていますので、累計で2,700を下回り、本肢は正しくいえます。

肢 4 2016年，2017年はいずれも、A大学の増加率＞C大学の増加率です

から、基本事項⑦より、Ａ大学に対するＣ大学の比率は、2015 年 > 2016 年 > 2017 年とわかります。

これより、比率が最も低い 2017 年を確認します。Ａ大学の 2013 年は 1,266 で、2014 年〜 2017 年の増加率を足し合わせると、約 11.5 ＋約 8 ＋約 10.5 ＋約 3.5 ＝約 33.5（％）ですから、33.5％以上増加しています（基本事項⑥）。これより、2017 年のＡ大学は 1,700 程度はあるとわかりますね。

2017 年が 0.65 を上回れば、他の 2 年も当然上回るからね。

33.5％＝$\frac{1}{3}$ ちょいだから、1,266 ×$\frac{1}{3}$ ＝ 422 を 1,266 に上乗せすると 1,688 だけど、基本事項⑥より、実際はもうちょっと増えているので、1,700 以上ありそうだよね。

同様に、Ｃ大学の 2013 年は 903 で、2014 年〜 2017 年の増加率を足し合わせると、約 2.5 ＋約 9 ＋約 1 ＋約 0.5 ＝約 13（％）ですから、13％以上増加していますが、1,000 〜 1,050 程度と推測できます。

そうすると、1,700 × 0.65 は 1,100 程度ありますので、これには及ばないと判断できますね。

肢 5　Ｂ大学の 2017 年の増加率は約 2.5％ですから、これで 40 以上の増加があったとすると、2016 年は 40 ÷ 2.5％ ＝ 1,600 以上あったことになります。

しかし、Ｂ大学の 2013 年は 757 で、2014 年〜 2016 年の増加率は、約 8％、約 16.5％、約 0％ですから、これでは 2016 年に 1,600 まで増えていないのは明らかです。

よって、2017 年の増加数は 40 以上にはなりません。

A大学	B大学	C大学	D大学
(1,266)	(757)	(903)	602

肢4　　　　肢5　　　　肢4

正解 3

きちんと計算

肢1　A大学　1,266 × 1.115 ≒ 1,411.6
　　　B大学　757 × 1.08 ≒ 817.6
　　　A大学－B大学　1,411.6 － 817.6 = 594.0

肢3　2015年　602 × 1.145 × 1.19 ≒ 820.3
　　　2016年　820.3 × 1.07 ≒ 877.7
　　　2017年　877.7 × (1 － 0.03) ≒ 851.4

肢4　A大学　1,266 × 1.115 × 1.08 × 1.105 × 1.035 ≒ 1,743.6
　　　C大学　903 × 1.025 × 1.09 × 1.01 × 1.005 ≒ 1,024.1
　　　A大学に対するC大学の割合　1,024.1 ÷ 1,743.6 ≒ 0.587

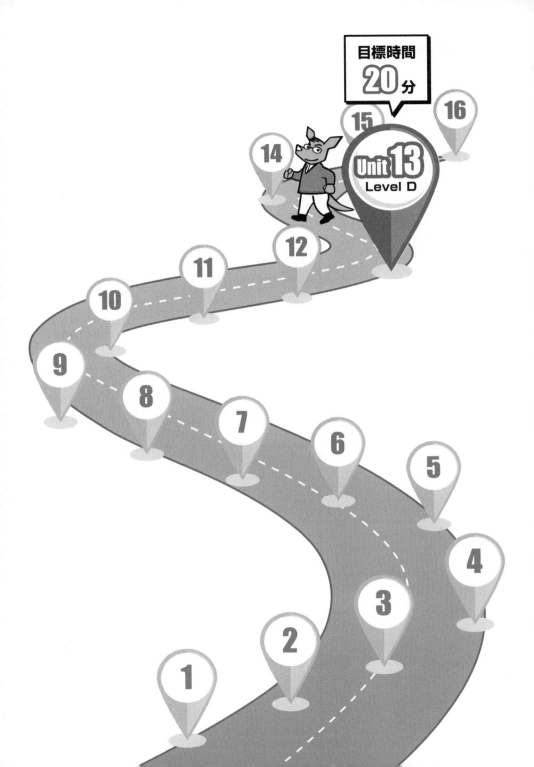

表は、2003 ～ 2012 年の間におけるＡ～Ｇ国の男女別就業率（15 ～ 64 歳の男女別人口に対する就業者数の割合）等を示したものであるが、これからいえることのみを全て挙げているのはどれか。

（％）

国・性別＼年		2003	2004	2005	2006	2007	2008	2009	2010	2011	2012
A	男性	69.9	69.4	69.2	68.9	69.1	69.5	68.3	68.2	68.2	68.0
A	女性	58.2	58.2	58.4	58.6	59.6	60.2	59.8	59.7	59.7	60.0
B	男性	70.4	70.8	71.4	72.8	74.7	75.9	75.5	76.1	77.4	77.6
B	女性	58.7	59.2	59.6	61.4	63.2	64.3	65.2	66.1	67.7	68.0
C	男性	69.7	69.7	69.7	70.5	70.7	70.3	69.7	68.7	68.5	67.5
C	女性	42.7	45.2	45.3	46.3	46.6	47.2	47.0	46.8	47.2	47.8
D	男性	75.0	75.2	75.0	74.6	74.7	74.4	73.6	73.9	74.5	74.9
D	女性	51.1	52.2	52.5	53.1	53.2	53.2	52.2	52.6	53.1	53.5
E	男性	79.5	78.6	78.7	79.5	81.1	82.4	81.5	80.0	79.8	79.7
E	女性	63.5	63.5	64.1	65.4	67.5	69.3	69.6	69.4	69.9	70.4
F	男性	78.7	78.4	78.3	78.6	79.7	80.6	78.4	77.4	77.2	77.7
F	女性	72.7	72.7	72.0	72.3	74.0	75.4	74.4	73.3	73.4	73.8
G	男性	76.9	77.2	77.6	78.1	77.8	76.4	72.0	71.1	71.4	72.3
G	女性	65.7	65.4	65.6	66.1	65.9	65.5	63.4	62.4	62.0	62.2
A～G 平均	男性	74.3	74.2	74.3	74.7	75.4	75.6	74.1	73.6	73.9	74.0
A～G 平均	女性	58.9	59.5	59.6	60.4	61.4	62.2	61.7	61.5	61.9	62.2

ア：2003 ～ 2012 年のいずれの年においても、Ａ国及びＣ国では、男女とも就業率がＡ～Ｇ国の平均を下回り、Ｅ国，Ｆ国及びＧ国では、男女とも就業率がＡ～Ｇ国の平均を上回った。

イ：2003 ～ 2012 年の各年について、Ａ～Ｇ各国における男女の就業率の差を見たとき、最大の差を記録したのは 2003 年のＣ国であり、最小の差を記録したのは 2012 年のＦ国であった。

ウ：2003 ～ 2012 年において、Ａ～Ｇ国のうち過半数の国では、男性の就業率が最も高かった年に、女性の就業率も最も高かった。

エ：2004 ～ 2012 年の各年について、A ～ G国のうち、女性の就業率が一貫
して前年より増加し続けたのはB国のみであった。

1．ア　　　2．ア，イ　　　3．イ，ウ　　　4．ウ，エ　　　5．エ

ひたすら数字を見比べていくだけだよな…。何がしたいのか
な…？

ア　G国においては、2009 年～ 2012 年の男性の就業率は、いずれも平均を
　下回っています。
　　また、2012 年は、女性の就業率が平均と同じであり、アは正しくありま
　せん。

国・性別＼年		2003	2004	2005	2006	2007	2008	2009	2010	2011	2012	
A	男性	69.9	69.4	69.2	68.9	69.1	69.5	68.3	68.2	68.2	68.0	
	女性	58.2	58.2	58.4	58.6	59.6	60.2	59.8	59.7	59.7	60.0	
B	男性	70.4	70.8	71.4	72.8	74.7	75.9	75.5	76.1	77.4	77.6	
	女性	58.7	59.2	59.6	61.4	63.2	64.3	65.2	66.1	67.7	68.0	←エ
C	男性	69.7	69.7	69.7	70.5	70.7	70.3	69.7	68.7	68.5	67.5	
	女性	42.7	45.2	45.3	46.3	46.6	47.2	47.0	46.8	47.2	47.8	
D	男性	75.0	75.2	75.0	74.6	74.7	74.4	73.6	73.9	74.5	74.9	
	女性	51.1	52.2	52.5	53.1	53.2	53.2	52.2	52.6	53.1	53.5	
E	男性	79.5	78.6	78.7	79.5	81.1	82.4	81.5	80.0	79.8	79.7	
	女性	63.5	63.5	64.1	65.4	67.5	69.3	69.6	69.4	69.9	70.4	
F	男性	78.7	78.4	78.3	78.6	79.7	80.6	78.4	77.4	77.2	77.7	イ
	女性	72.7	72.7	72.0	72.3	74.0	75.4	74.4	73.3	73.4	73.8	
G	男性	76.9	77.2	77.6	78.1	77.8	76.4	72.0	71.1	71.4	72.3	ア
	女性	65.7	65.4	65.6	66.1	65.9	65.5	63.4	62.4	62.0	62.2	
A ～ G 平均	男性	74.3	74.2	74.3	74.7	75.4	75.6	74.1	73.6	73.9	74.0	
	女性	58.9	59.5	59.6	60.4	61.4	62.2	61.7	61.5	61.9	62.2	

イ 2012年のF国の男女の就業率の差は、77.7 − 73.8 = 3.9（％）ですが、同国の2011年のそれは、77.2 − 73.4 = 3.8（％）です。

よって、差が最小なのはF国の2012年ではありませんので、イは正しくありません。

ウ 各国の男女それぞれの就業率が最も高かったのは、前ページ表の色の付いた年であり、男女とも同じなのは、B，F，Gの3か国で、半数に及びません。

よって、ウは正しくありません。

エ 各国の女性の就業率を見ると、その通りとわかります。

よって、エは正しいです。

以上より、表からいえるのはエのみで、正解は肢5です。

正解 5

でも、カンタンなのから見て、選択肢を絞っていけば、そんなに時間はかからないんじゃないかな。

この問題、ただ、数字を見比べていくだけなんだけど、けっこう面倒ね。

表は、ある学校の生徒を対象に実施した、学習塾への通塾に関するアンケートの結果を示したものである。また、図Ⅰ及び図Ⅱは、表のアンケートで学習塾に通っていると回答した生徒を対象に実施したアンケートの結果を示したものである。これらからいえることとして最も妥当なのはどれか。

	全体	うち男子	うち女子
通っている	30%	40%	60%
週1回	20%	40%	60%
週2回	30%	50%	50%
週3回	40%	30%	70%
週4回以上	10%	50%	50%
通っていない	70%	55%	45%

表　学習塾への通塾状況

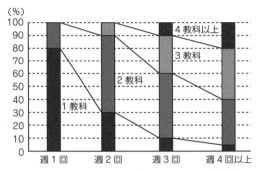

図Ⅰ　学習塾で指導を受けている教科数

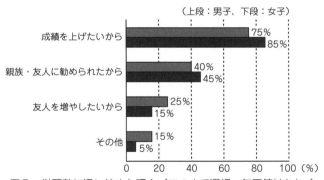

図Ⅱ　学習塾に通い始めた理由（二つまで選択。無回答はなし。）

1．学習塾に通い始めた理由として、二つ選択した生徒は、女子よりも男子の方が人数が多い。

2．学習塾に週2回通って、かつ、2教科の指導を受けている生徒よりも、週1回通って、かつ、1教科の指導を受けている生徒の方が人数が多い。

3．学習塾に通っている生徒のうち、週1回通っており、かつ、「親族・友人に勧められたから」を選択した男子が占める割合は6％である。

4．学習塾に通っている生徒のうち、4教科以上の指導を受けている生徒が占める割合は9％である。

5. 学習塾に通っている生徒のうち、「成績を上げたいから」を選択した生徒が占める割合は 80％を超える。

3つの図表の関連をしっかり理解すれば、これはけっこうカンタンな問題！

肢1 図Ⅱの各項目の構成比を、男女別に合計すると次のようになります。

> （男子）　75 + 40 + 25 + 15 = 155（％）
> （女子）　85 + 45 + 15 + 5 = 150（％）

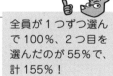

全員が1つずつ選んで100％、2つ目を選んだのが55％で、計155％！

　無回答はないので、2つ選択したのは、男子の 55％、女子の 50％とわかります。
　また、図Ⅱのアンケートに回答したのは、表のアンケートで学習塾に通っていると回答した生徒で、そのうち男子は 40％、女子は 60％ですから、学習塾に通っている生徒数を 100 とすると、次のように比較できます。

> （男子）　40 × 55％ = 22　　（女子）　60 × 50％ = 30

　よって、女子の方が多いとわかります。

肢2　表より、学習塾に通っている生徒のうち、週2回通っているのは 30％、図Ⅰより、そのうち2教科受けているのは 60％です。
　同様に、週1回は 20％、そのうち1教科は 80％なので、学習塾に通っている生徒数を 100 とすると、次のように比較できます。

> （週2回で2教科）　30 × 60％ = 18
> （週1回で1教科）　20 × 80％ = 16

　よって、前者の方が多いとわかります。

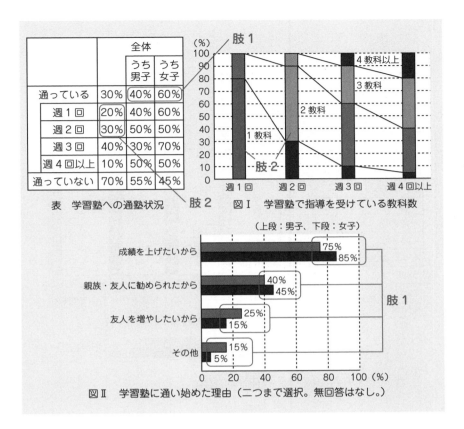

	全体		
		うち男子	うち女子
通っている	30%	40%	60%
週1回	20%	40%	60%
週2回	30%	50%	50%
週3回	40%	30%	70%
週4回以上	10%	50%	50%
通っていない	70%	55%	45%

表　学習塾への通塾状況

図Ⅰ　学習塾で指導を受けている教科数

（上段：男子、下段：女子）

成績を上げたいから	75% / 85%
親族・友人に勧められたから	40% / 45%
友人を増やしたいから	25% / 15%
その他	15% / 5%

図Ⅱ　学習塾に通い始めた理由（二つまで選択。無回答はなし。）

肢3　表より、学習塾に通っている生徒のうち、週1回通っているのは20%ですが、そのうちの何%が、図Ⅱのアンケートで「親族・友人に勧められたから」を選択したかは不明です。

　　　よって、判断できません。

肢4　学習塾に通っている生徒数を100として、4教科以上受けている生徒の割合を、肢2同様に計算すると、次のようになります。

> （週3回で4教科以上）　　40 × 10% ＝ 4
> （週4回以上で4教科以上）　10 × 20% ＝ 2

　　　これより、合計で6%とわかります。

肢5　学習塾に通っている生徒数を100として、「成績を上げたいから」を選択した生徒の割合を、肢1同様に計算すると、次のようになります。

（男子）40 × 75% = 30 　　（女子）60 × 85% = 51

これより、合計で 81 ですから、学習塾に通っている生徒の 81%となり、本肢は妥当です。

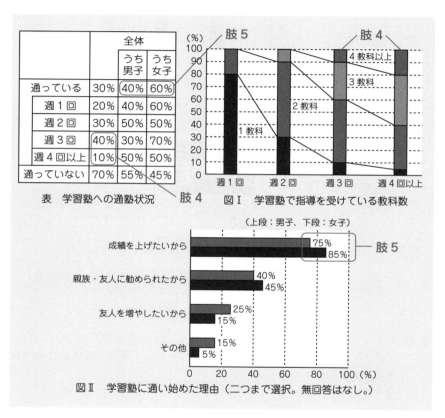

	全体	うち 男子	うち 女子
通っている	30%	40%	60%
週1回	20%	40%	60%
週2回	30%	50%	50%
週3回	40%	30%	70%
週4回以上	10%	50%	50%
通っていない	70%	55%	45%

表　学習塾への通塾状況　肢4

図Ⅰ　学習塾で指導を受けている教科数

図Ⅱ　学習塾に通い始めた理由（二つまで選択。無回答はなし。）

正解 5

表 1 は、マグロ類の地域別漁獲量の推移、表 2 は、マグロ類の魚種別漁獲量の推移を示したものである。これから確実にいえるのはどれか。

表 1　地域別漁獲量　　　　　　　　　　　　　　　（単位：トン）

地域＼年	1980 年	1990 年	2000 年	2008 年
A	438,225	747,375	993,760	966,970
B	361,340	277,518	275,474	214,804
C	109,618	191,111	238,410	163,642
D	79,149	161,627	156,572	124,155
E	46,327	81,102	93,182	208,567
F	22,022	87,549	176,787	128,208
合　計	1,056,681	1,546,282	1,934,185	1,806,346

表 2　魚種別漁獲量　　　　　　　　　　　　　　　（単位：トン）

魚種＼年	1980 年	1990 年	2000 年	2008 年
キハダ	552,239	1,011,895	1,198,084	1,140,914
メバチ	229,131	258,645	443,968	398,047
ビンナガ	194,485	229,425	220,792	208,781
クロマグロ	67,309	39,571	55,874	47,826
ミナミマグロ	13,517	6,746	15,467	10,778
合　計	1,056,681	1,546,282	1,934,185	1,806,346

1．2008 年における A 地域のマグロ類の漁獲量に占めるキハダの漁獲量の割合は 25％を超えている。

2．1990 年と 2000 年の地域別漁獲量の増加率をみると、C 地域が最も高く約 35％となっている。

3．マグロ類に占めるメバチの漁獲量の割合は、1980 年から 2000 年まで、10 年単位でみると、それぞれ 15％ポイントずつ増加している。

4．表中の年でみると、地域別漁獲量のなかで増減の幅（最高値と最低値の差）が少ないのは F 地域である。

5．表中の年でみると、魚種別漁獲量のなかで減少率が最も大きいのは、1980 年から 1990 年のクロマグロである。

肢 1 は、国家（総合・一般・専門）でときどき見られるひっかけ（Unit9 PLAY 4 の肢 2 なども同じ）。実際の割合は不明だけど、「判断不可能」と切らないでね！

肢1 2008 年のＡ地域の漁獲量のうちキハダの占める割合は不明です。

しかし、同年のキハダ以外の漁獲量は、1,806,346 − 1,140,914 で 700,000 にも足りず、これはＡ地域の漁獲量 966,970 の **75％に及びません。**

よって、**少なくとも 25％以上はキハダ**であることは明らかで、本肢は確実にいえます。

表1　地域別漁獲量（単位：トン）　　　　　　　　　肢2　　　　肢1

地域＼年	1980 年	1990 年	2000 年	2008 年
A	438,225	747,375	993,760	966,970
B	361,340	277,518	275,474	214,804
C	109,618	191,111	238,410	163,642
D	79,149	161,627	156,572	124,155
E	46,327	81,102	93,182	208,567
F	22,022	87,549	176,787	128,208
合　計	1,056,681	1,546,282	1,934,185	1,806,346

表2　魚種別漁獲量（単位：トン）

魚種＼年	1980 年	1990 年	2000 年	2008 年
キハダ	552,239	1,011,895	1,198,084	1,140,914
メバチ	229,131	258,645	443,968	398,047
ビンナガ	194,485	229,425	220,792	208,781
クロマグロ	67,309	39,571	55,874	47,826
ミナミマグロ	13,517	6,746	15,467	10,778
合　計	1,056,681	1,546,282	1,934,185	1,806,346

肢3

肢2　1990 年 → 2000 年で、C 地域は、191,111 → 238,410 ですから、増加量は 50,000 にも及ばず、191,111 の 35％にはかなり足りません。

約 200,000 とみて、その 35％は 70,000 近くになるよね!?

また、F 地域について見ると、87,549 → 176,787 で 2 倍以上になっており、増加率は明らかに後者のほうが高いこともわかります。

肢3 1980 年 → 1990 年では、合計では 1,056,681 → 1,546,282 で 4 割以上増加していますが、メバチは、229,131 → 258,645 で 1 割程度しか増加していませんので、**メバチの占める割合は減少しています。**

ちなみに、「15% ポイントずつ増加」というのは、たとえば、20% → 35% → 50% のように増えていくということ（基本事項⑤）。

肢4 F 地域の最高値は 2000 年の 176,787、最低値は 1980 年の 22,022 ですから、その差は 150,000 以上あります。

しかし、D 地域の最高値は 1990 年の 161,627、最低値は 1980 年の 79,149 で、その差は 100,000 に満たず、F 地域より少ないです。

肢4本文の「少ないのは」は、多分「最も少ないのは」だったんだろうね。

表1　地域別漁獲量（単位：トン）

地域＼年	1980 年	1990 年	2000 年	2008 年
A	438,225	747,375	993,760	966,970
B	361,340	277,518	275,474	214,804
C	109,618	191,111	238,410	163,642
D	79,149	161,627	156,572	124,155
E	46,327	81,102	93,182	208,567
F	22,022	87,549	176,787	128,208
合　計	1,056,681	1,546,282	1,934,185	1,806,346

肢4

表2　魚種別漁獲量（単位：トン）

魚種＼年	1980 年	1990 年	2000 年	2008 年
キハダ	552,239	1,011,895	1,198,084	1,140,914
メバチ	229,131	258,645	443,968	398,047
ビンナガ	194,485	229,425	220,792	208,781
クロマグロ	67,309	39,571	55,874	47,826
ミナミマグロ	13,517	6,746	15,467	10,778
合　計	1,056,681	1,546,282	1,934,185	1,806,346

肢5

肢5 1980 年 → 1990 年のクロマグロは、67,309 → 39,571 で半分まで減っ
ていませんが、同年のミナミマグロは 13,517 → 6,746 で約半分です。
　　よって、最も減少率が大きいのは 1980 年 → 1990 年のクロマグロでは
ありません。

正解 ▶ **1**

きちんと計算

肢3　マグロ類に占めるメバチ漁獲量の割合
　　　1980 年　229,131 ÷ 1,056,681 ≒ 0.217（= 21.7%）
　　　1990 年　258,645 ÷ 1,546,282 ≒ 0.167（= 16.7%）
　　　2000 年　443,968 ÷ 1,934,185 ≒ 0.23（= 23%）

肢4　最高値 − 最低値
　　　A地域　993,760 − 438,225 = 555,535
　　　B地域　361,340 − 214,804 = 146,536
　　　C地域　238,410 − 109,618 = 128,792
　　　D地域　161,627 − 79,149 = 82,478
　　　E地域　208,567 − 46,327 = 162,240
　　　F地域　176,787 − 22,022 = 154,765

　下のグラフは、全診療科医療費に占める産婦人科医療費の割合と産婦人科医療費の対前年度増加率を表している。このグラフに関する次のA〜Cの記述の正誤の組合せとして最も適当なものはどれか。

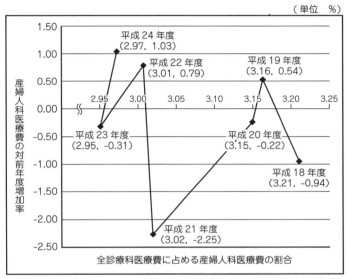

（単位　％）

（厚生労働省「医療費の動向調査」より作成）

A　平成 22 年度の産婦人科医療費は平成 19 年度のそれを上回っている。

B　平成 18 年度から平成 24 年度まで、いずれの年度も全診療科医療費に占める産婦人科医療費の割合は前年を下回っている。

C　平成 24 年度の全診療科医療費は前年を 1％以上、上回っている。

	A	B	C
1.	正	正	誤
2.	正	誤	正
3.	誤	正	正
4.	誤	誤	正
5.	誤	誤	誤

Cは難しいね！　全診療科医療費が 1％以上増えていたら、と仮定して考えてみるといいかも。

A 19年 → 20年 → 21年 → 22年の増加率は、−0.22％，−2.25％，0.79％
ですから、単純に足し合わせても、減少は明らかです（基本事項⑥）。
よって、22年は19年を上回っていませんので、**A**は誤です。

B 23年 → 24年では、2.95％ → 2.97％ですから、24年は前年を上回って
います。
また、18年については、17年の情報がありませんので、不明です。
よって、**B**は誤です。

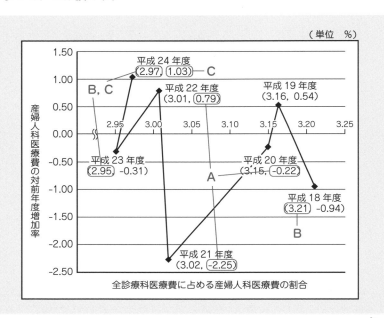

（単位　％）

全診療科医療費に占める産婦人科医療費の割合

C 23年 → 24年において、全診療科医療費に占める産
婦人科医療費の割合は 2.95 → 2.97 で、0.02 増えてお
りこれは 2.95 の <u>0.6％以上</u>あります。

> 3.0 の 0.6％でも
> 0.018 だからね。

そうすると、23年 → 24年で、全診療科医療費が1％以上増え、さらに
産婦人科医療費の割合が 0.6％以上増えたとすると、産婦人科医療費は1.6％
以上増えていることになります。
しかし、24年の産婦人科医療費の対前年度増加率は1.03％で、1.6％に
及びませんので、全診療科医療費が1％以上増えていることはなく、**ウ**は誤
です。

以上より、正解は肢5です。

正解　5

C　全診療科医療費の23年を1、24年を x とすると、それぞれの産婦人科医療費は、次のように表せます。

23年　0.0295　　24年　0.0297x

23年 → 24年で、産婦人科医療費は、1.0103倍になっていますので、次のような方程式が立ちます。

0.0295 × 1.0103 = 0.0297x

∴ x = 0.0295 × 1.0103 ÷ 0.0297 ≒ 1.0035

よって、全診療科医療費は、23年 → 24年で、約0.35％増加しています。

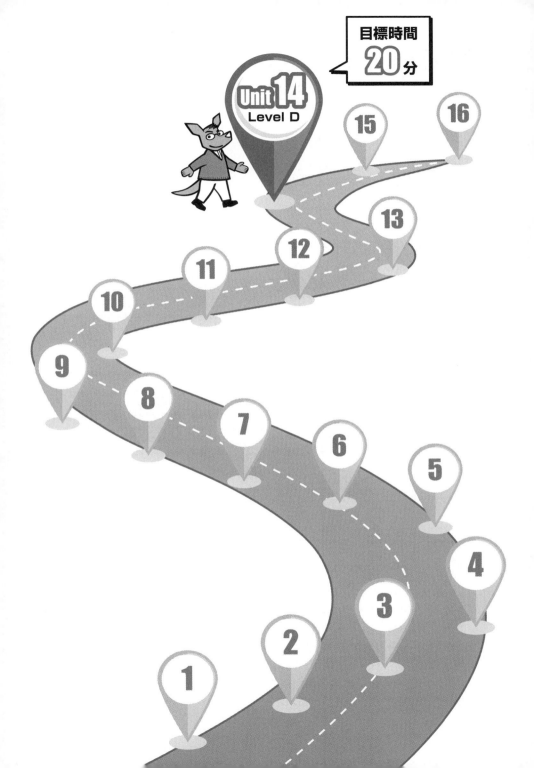

図と表は、ある年度における我が国のバターの流通経路とバターの業種別消費量をそれぞれ示したものである。これらから確実にいえるのはどれか。

図　バターの流通経路

（単位：トン，％）

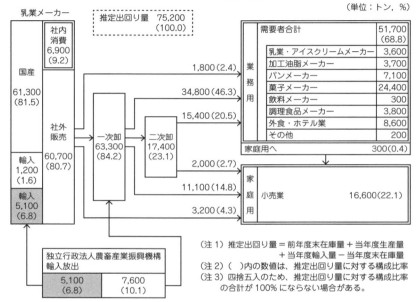

（注1）推定出回り量＝前年度末在庫量＋当年度生産量＋当年度輸入量－当年度末在庫量
（注2）（ ）内の数値は、推定出回り量に対する構成比
（注3）四捨五入のため、推定出回り量に対する構成比の合計が100％にならない場合がある。

表　バターの業種別消費量

（単位：トン）

	消費量	うち国産	うち輸入
乳業メーカー（社内消費）	6,900	4,100	2,800
業務用	51,700	41,000	10,700
家庭用	16,600	16,200	400

1. 一次卸における輸入バターの量は、8,500トン以上である。
2. 二次卸から業務用及び家庭用に流通した国産バターの量の合計は、6,500トン以上である。
3. 乳業メーカーが社内消費したバターのうち、独立行政法人農畜産業振興機構から購入したバターの量は、2,000トン以上である。
4. 業務用の内訳のうち、消費量が多い方から見て、上位三つの消費量の合計は、業務用全体の8割を超えている。

5. 業務用と家庭用を比較すると、一次卸を経由して流通したバターが消費量に占める割合は、家庭用の方が大きい。

> 図の流れを把握するのに少し時間がかかるかな？ それができたらあとは速いと思うけどね。

肢1 まず、業務用の輸入バターは、表から、10,700 とわかります。また、業務用で一次卸を経由していないのは最大で 1,800 ですから、一次卸における業務用輸入バターは少なくとも 10,700 − 1,800 = 8,900 はあります。

この 1,800 は、一部家庭用に流れている可能性もあるけど、仮にすべて業務用の輸入バターだとしても、残りは一次卸を経由しているよね。

　ここで、業務用だけでも 8,500 以上であることが確定し、本肢は確実にいえます。

　ちなみに、家庭用の輸入バターは 400 ですが、家庭用で一次卸を経由していないのは 3,200 ありますから、一次卸における家庭用輸入バターはゼロの可能性もあります。

肢2 二次卸を経由したのは、業務用 15,400 と家庭用 2,000 の計 17,400 ですが、このうち、最大で業務用 10,700 と家庭用 400 の計 11,100 が輸入バターの可能性がありますので、国産バターは、17,400 − 11,100 = 6,300 以上とわかります。しかし、確実に 6,500 以上とはいえません。

これらはすべて二次卸を経由した中に含まれている可能性はあるからね。

肢3 乳業メーカーの社内消費のうち、輸入バターは 2,800 ですが、これは、乳業メーカーが輸入した 1,200 と農畜産業振興機構から購入した 5,100 との一部です。

　そうすると、農畜産業振興機構から購入したのは、少なくとも 2,800 − 1,200 = 1,600 とわかりますが、確実に 2,000 以上とはいえません。

肢4 業務用の上位 3 つは、菓子メーカー，外食・ホテル業，パンメーカーで、計 24,400 + 8,600 + 7,100 = 40,100 ですが、これは業務用全体 51,700 の 8 割を超えません。

51,000 の 8 割でも 40,800 だからね。

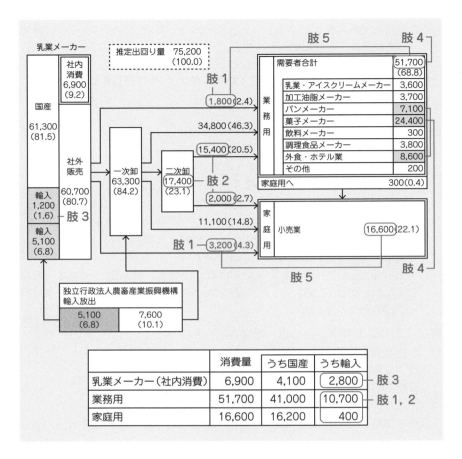

	消費量	うち国産	うち輸入	
乳業メーカー（社内消費）	6,900	4,100	2,800	— 肢3
業務用	51,700	41,000	10,700	— 肢1, 2
家庭用	16,600	16,200	400	

肢5 業務用で一次卸を経由していないのは最大で 1,800 で、これは業務用全体 51,700 の 4％に及びません。すなわち、業務用の 96％以上は一次卸を経由しています。

　　一方、家庭用で一次卸を経由していないのは 3,200 で、これは家庭用全体 16,600 の 20％近くあります。すなわち、家庭用で一次卸を経由しているのは 80％強です。

　　よって、一次卸を経由した割合は家庭用のほうが小さいです。

 正解 ▷ 1

　　表は、ある年のA～F国の降水量等を示したものである。これから確実にいえるのはどれか。

国名	年平均降水量 （mm／年）	年降水総量 （面積×年平均降水量） （km³／年）	水資源量 （km³／年）	1人当たりの 水資源量 （m³／人・年）
A	1,780	15,200	8,200	42,900
B	460	7,870	4,500	31,900
C	530	4,130	490	23,350
D	2,700	5,150	2,020	8,880
E	1,670	630	430	3,380
F	650	6,200	2,840	2,110

1．A～F国のうち、人口が最も多い国はB国である。

2．D国の人口密度（人口／面積）は、E国の人口密度の約3倍である。

3．B，E，F国のうち、面積が最も大きい国はB国である。

4．C国の1人当たりの年降水総量は、A国の1人当たりの年降水総量の約2
　分の1である。

5．A～F国についてみると、1人当たりの水資源量が多い国ほど、年降水総
　量に占める水資源量の割合が大きい。

> 表からは、面積や人口もわかるから、人口密度もわかるよね。

次表のように、ア〜エとします。

国名	（ア） 年平均降水量 （mm/年）	（イ） 年降水総量 （面積×年平均降水量） （km³/年）	（ウ） 水資源量 （km³/年）	（エ） 1人当たりの 水資源量 （m³/人・年）
A	1,780	15,200	8,200	42,900
B	460	7,870	4,500	31,900
C	530	4,130	490	23,350
D	2,700	5,150	2,020	8,880
E	1,670	630	430	3,380
F	650	6,200	2,840	2,110

肢2　　　　　　　　　　　　　　　　　　　　　　　肢1

肢 1　「ウ＝エ×人口」ですから、人口は「ウ÷エ」で求められます。

　　これより、B国の人口を $\dfrac{4,500}{31,900}$ と表すと、F国の人口は $\dfrac{2,840}{2,110}$ となり、明らかにB国＜F国とわかります。

　　よって、人口が最も多い国はB国ではありません。

肢 2　肢1より、人口は $\dfrac{ウ}{エ}$ で表せます。また、「イ＝ア×面積」ですから、面積は $\dfrac{イ}{ア}$ で表せますので、人口密度（人口 / 面積）は、次のような式で表せます。

$$\frac{ウ}{エ} \div \frac{イ}{ア} = \frac{ウ}{エ} \times \frac{ア}{イ} = \frac{ウ×ア}{エ×イ}$$

　　これより、D国とE国の人口密度を次のように比較します（基本事項①）。

　　分母を比べると 8,880 は 3,380 の 2 倍以上、5,150 は 630 の 5 倍以上ありますので、D国はE国の 10 倍以上です。

　　一方、分子については、2,020 は 430 の 5 倍未満、2,700 は 1,670 の 2 倍未満ですから、D国はE国の 10 倍未満です。

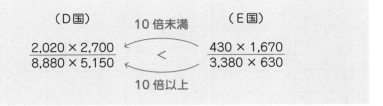

（D国）　　　10 倍未満　　　（E国）

$$\frac{2,020 \times 2,700}{8,880 \times 5,150} \underset{10\ 倍以上}{\overset{10\ 倍未満}{\lessgtr}} \frac{430 \times 1,670}{3,380 \times 630}$$

　　　よって、D国の人口密度はE国より小さいです。

肢3　面積は「$\frac{イ}{ア}$」ですが、B，E，F国のうち、B国は、イが最も大きく、アが最も小さいので、最も面積が大きいのはB国です。

　　　よって、本肢は確実にいえます。

肢4　1人当たりの年降水総量は、「イ ÷ 人口」ですから、次の式で表せます。

$$イ ÷ \frac{ウ}{エ} = イ \times \frac{エ}{ウ} = \frac{イ \times エ}{ウ}$$

　　　これより、A国とC国を次のように比較します。

　　　分母については、A国がC国の 10 倍を上回ります。分子については、15,200 は 4,130 の 5 倍未満、42,900 は 23,350 の 2 倍未満ですから、A国はC国の 10 倍未満です。

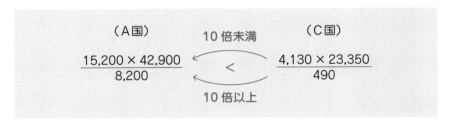

（A国）　　　10 倍未満　　　（C国）

$$\frac{15,200 \times 42,900}{8,200} \underset{10\ 倍以上}{\overset{10\ 倍未満}{\lessgtr}} \frac{4,130 \times 23,350}{490}$$

　　　よって、C国はA国より大きいとわかります。

肢5　たとえば、C国とE国では、1人当たりの水資源量（エ）はC国＞E国ですが、年降水総量に占める水資源量の割合（イに占めるウの割合）は、明らかにC国＜E国です。

　　　よって、このようなことはいえません。

国名	（ア） 年平均降水量 （mm／年）	（イ） 年降水総量 （面積×年平均降水量） （km³／年）	（ウ） 水資源量 （km³／年）	（エ） 1人当たりの 水資源量 （m³／人・年）
A	1,780	15,200	8,200	42,900
B	460	7,870	4,500	31,900 肢4
C	530	4,130	490	23,350
D	2,700	5,150	2,020	8,880 肢5
E	1,670	630	430	3,380
F	650	6,200	2,840	2,110

肢3

炭素は、種々の形態で大気，海洋，陸上生物圏に分布し、形態を変えながらそれぞれの間を移動する。これは炭素循環と呼ばれている。

図は、炭素循環の模式図（1990年代）である。図中の各数値は炭素重量に換算したもので、箱の中の数値は貯蔵量（億トン）、矢印に添えられた数値は交換量（億トン／年）である。また、これらの数値のうち、**ゴシック太字斜体**で示されているものは人間の活動によるもの、それ以外は自然によるものである。この図からいえることとして最も妥当なのはどれか。

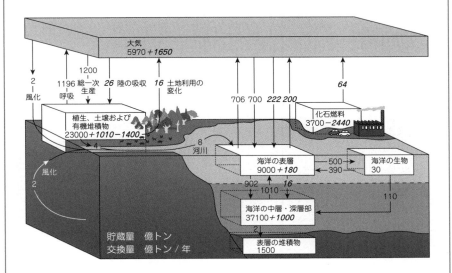

1. 自然による炭素循環をみると、大気から大気以外へ移動する炭素の量は、大気以外から大気へ移動する炭素の量よりも多い。
2. 化石燃料から大気へ移動する炭素の量が50％減り、これのみが変化したとすると、大気に新たに貯蔵される炭素の量はゼロになる。
3. 1年ごとに新たに貯蔵される炭素の量は、大気よりも海洋の方が大きい。
4. 大気に貯蔵されている炭素の量は、1年で約1％増加している。
5. 海洋の生物が半減すると、表層の堆積物に貯蔵されている炭素の量は、1年で約10％減少する。

立体の模式図という珍しい問題。見た目はインパクトあるけど、数値は単純だから、どこを見ればいいかがわかれば計算は割とラクかも！

肢1 それぞれの炭素の移動量を計算する
と、次のように同じになります。

ゴシック体の数字は「自然による」
ものではないので含めないよ。

（大気 → 大気以外）　2 + 1,200 + 700 = 1,902
（大気以外 → 大気）　1,196 + 706 = 1,902

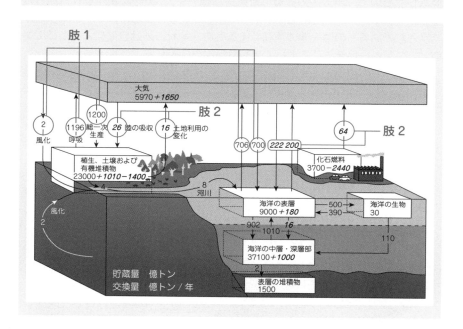

肢2 化石燃料 → 大気が50％減ると、64 × 0.5 = 32 となります。これより、
肢1の計算結果に人間の活動によるもの（ゴシック太字斜体）を加えると、
次のようになります。

（大気 → 大気以外）　1,902 + 26 + 222 = 2,150
（大気以外 → 大気）　1,902 + 16 + 200 + 32 = 2,150

　　大気と大気以外の炭素の交換量が同じなので、プラスマイナスゼロとな
り、大気に新たに貯蔵される炭素の量はゼロになります。
　　よって、本肢は妥当です。

肢3 肢2の計算結果より、大気に新たに 貯蔵される炭素の量は、<u>64 − 32 = 32</u> ですね。また、海洋のそれは、計 算すると次のようになり、大気の方が 大きいとわかります。

「化石燃料→大気」が64から32 に半減したら貯蔵される炭素の量 はゼロになるのだから、半減しな ければ32だけ大気に貯蔵される ことになるよね!?

$$8 − 706 + 700 + 222 − 200 = 24$$

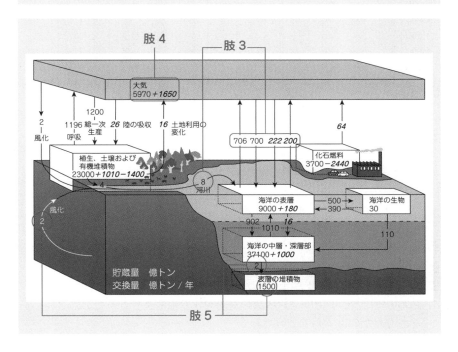

肢4 大気に貯蔵されている炭素の量は、5,970 + 1,650 ですが、1 年で増加 する量は、肢3より、32 なので、1%には及びません。

肢5 表層の堆積物に貯蔵されている炭素の量は、1,500 で、1 年で交換され る量はわずか2だけですから、海洋の生物が半減したところで、10%も減 少するとは考えられません。

　図は、ある地域における 2008 年の旅行宿泊者数及び対前年同月増加率を月別に表したものである。これからいえることとして最も妥当なのはどれか。

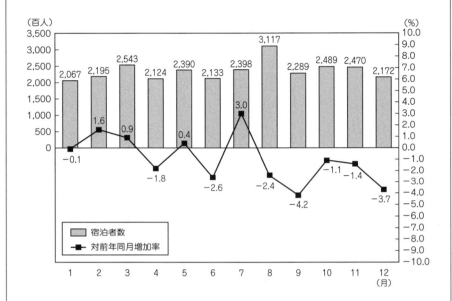

1.　2007 年における年間の宿泊者数は、250 万人に満たなかった。
2.　2008 年における年間の宿泊者数は、2007 年よりも少なかった。
3.　2007 年 12 月における宿泊者数は、同年 6 月よりも少なかった。
4.　2007 年においては、宿泊者数の対前月比が最も大きかったのは 8 月、最も小さかったのは 4 月であった。
5.　2007 年においては、宿泊者数の前月からの変化が最も小さかったのは 5 月であった。

対前年同月増加率があるから、当然、前年のことも聞かれるよね。
肢 1 と 2 は一緒に考えてみて！

肢1，2 2008 年の対前年同月増加率を見ると、プラスなのは 2，3，5，7 月の 4 か月で、特に大きく増加した月があるわけでもありません。

残る 8 か月はマイナスで、プラスの 4 か月の増加率より比較的高い減少率を示しており、2008 年の各月の宿泊者数に大きなバラつきもありませんから、増加数より減少数の方が大きいと判断できます。

よって、2007 年より 2008 年のほうが宿泊者数は少なく、肢 2 は妥当です。

たとえば、極端に多い月があって、その月がプラスだったら、その月の増加数だけで他の月の減少数を上回るかもしれないよね!? でも、このデータはどの月も 2,000 ～ 3,000 ちょいで、そんな心配をするほどのムラはないってこと！

また、2008 年の宿泊者数は、1 月以外いずれも 2,100 を超えており、2,200 を超える月も多くあるので、月平均 2,100 を超えるのは明らかですから、年間では 2,100 × 12 = 25,200（百人）= 252 万人を超えています。

2007 年はこれよりさらに多いので、当然 250 万人を超えており、肢 1 は妥当ではありません。

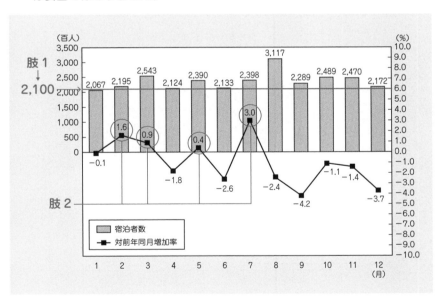

肢3 2008 年の宿泊者数は 6 月＜12 月で、前年同月からの減少率も 12 月の方が高いです。すなわち、12 月の方がより減少しているにもかかわらず、宿泊者数が多いということは、前年（2007 年）の宿泊者数も当然、6 月＜12 月であったと判断できます。

肢4 2008年の宿泊者数は、いずれの月も2,000～3,000強で、対前年同月増加率は大きくても±3～4%程度なので、<u>増減数は多くても100程度</u>であることを念頭に考えます。

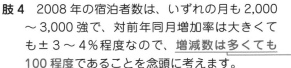

2007年と2008年で宿泊者数に大差はないってことね！

　まず、2008年7月→8月について見ると、2,398→3,117で700以上増加しているのがわかりますが、2007年に比べて7月は増加、8月は減少なので、2007年7月→8月はさらに増加数が大きく、7月から見ると3割以上増加しているとわかります。

　その他の月を見ても、これほど増加率の高い月はないので、対前月比が**最も大きいのは8月**と判断できます。

　同様に、8月→9月について見ると、3,117→2,289で800以上の減少があり、2007年もそれほど大きく変わりませんので、8月から見ると2割以上減少しているとわかります。

　一方、3月→4月は、2,543→2,124で減少数は400余りですが、2007年もそれほど大きく変わりませんので、3月から見ると2割も減少していません。

　よって、対前月比が**最も小さいのは4月ではありません。**

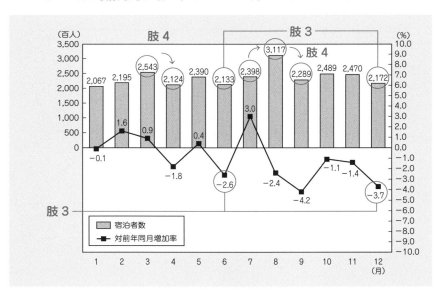

肢5 2008年で見ると、4月→5月は2,124→2,390で、**266増加**していますが、10月→11月は2,489→2,470で**19減少**しただけですから、こちらのほうが変化は小さいです。

そして、いずれの月も対前年同月増加率はわずかであり、これを逆転するほど2007年との差が大きいとは考えられませんので、2007年も11月のほうが変化は少ないと判断できます。

よって、変化が最も小さいのは5月ではありません。

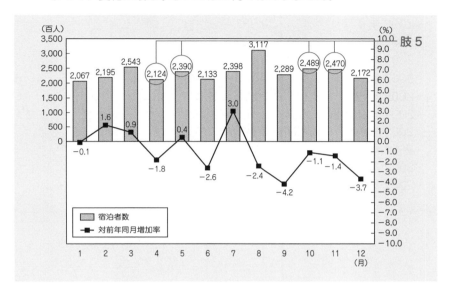

正解 2

きちんと計算

肢1, 2　2,067 + 2,195 + 2,543 + 2,124 + 2,390 + 2,133 + 2,398
　　　　 + 3,117 + 2,289 + 2,489 + 2,470 + 2,172
　　　　 = 28,387（百人）= 283.87万人

きちんと計算

2007 年 1 月	2,067 ÷ 0.999 ≒ 2,069
2007 年 2 月	2,195 ÷ 1.016 ≒ 2,160
2007 年 3 月	2,543 ÷ 1.009 ≒ 2,520
2007 年 4 月	2,124 ÷ 0.982 ≒ 2,163
2007 年 5 月	2,390 ÷ 1.004 ≒ 2,380
2007 年 6 月	2,133 ÷ 0.974 ≒ 2,190
2007 年 7 月	2,398 ÷ 1.030 ≒ 2,328
2007 年 8 月	3,117 ÷ 0.976 ≒ 3,194
2007 年 9 月	2,289 ÷ 0.958 ≒ 2,389
2007 年 10 月	2,489 ÷ 0.989 ≒ 2,517
2007 年 11 月	2,470 ÷ 0.986 ≒ 2,505
2007 年 12 月	2,172 ÷ 0.963 ≒ 2,255
2007 年度合計	28,670（百人）

残る Unit はあと 2 つ
ガンバッテ！

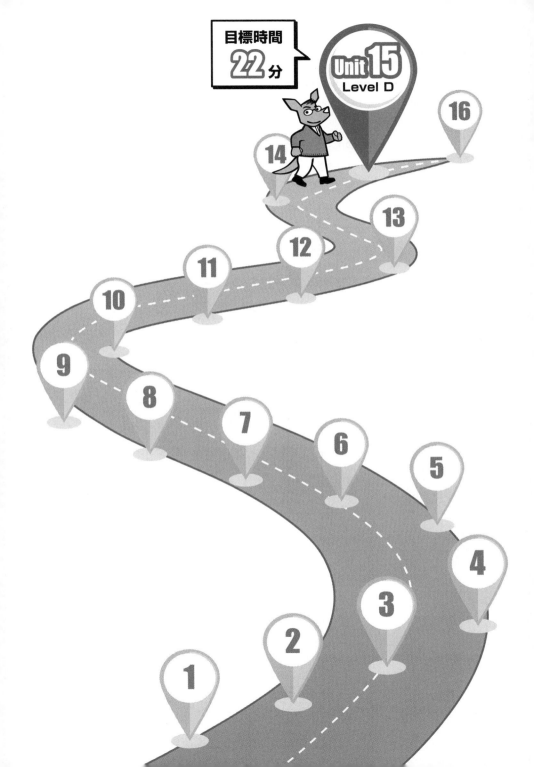

目標時間
22分

Unit 15
Level D

　図と表は、我が国の小規模事業者の人材育成に関する調査結果であるが、これらから確実にいえるのはどれか。なお、調査対象は 4,857 事業者である。

図Ⅰ　人材育成の取組の有無（直近 3 年以内）と売上高の傾向

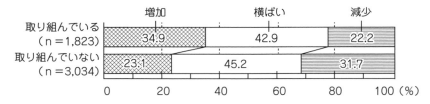

図Ⅱ　人材育成に取り組んでいない理由（最も当てはまるもの）（n＝3,034）

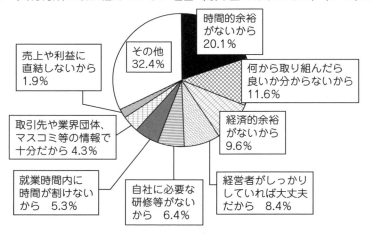

表　人材育成の狙いや目的（当てはまるものを上位から三つ）

(n = 1,823)（単位：%）

	1 位	2 位	3 位	合計
技術・技能の向上	49.0	16.9	7.9	73.8
専門知識の向上	10.6	29.3	21.6	61.5
コミュニケーション力	19.4	15.7	13.8	48.9
士気の向上	3.8	16.2	13.9	33.9
経営・マネジメント力	12.7	6.0	7.3	26.0
IT スキルの向上	2.1	5.8	5.1	13.0
プレゼンテーション力	1.4	3.3	3.8	8.5
その他	1.0	6.8	26.6	34.4
合計	100.0	100.0	100.0	300.0

（注）　いずれの小規模事業者も、1 位，2 位，3 位に挙げた項目に重複はない。

1. 調査対象の小規模事業者のうち、売上高の傾向を「増加」とした小規模事業者の事業者数は、1,500 以上である。
2. 「時間的余裕がないから」又は「経済的余裕がないから」を理由に人材育成に取り組んでいない小規模事業者のうち、売上高の傾向を「横ばい」とした小規模事業者がいる。
3. 「その他」以外を理由に人材育成に取り組んでいない小規模事業者の事業者数は、2,000 以下である。
4. 人材育成の狙いや目的として「技術・技能の向上」を挙げると同時に、「専門知識の向上」又は「コミュニケーション力」を 2 位に挙げた小規模事業者の事業者数は、300 以上である。
5. 人材育成の狙いや目的として「士気の向上」を挙げた小規模事業者のうち、売上高の傾向を「横ばい」又は「減少」とした小規模事業者はいない。

図表はボリュームがあるけど、それほど難しくないよ！　肢 4 は要注意かな？

肢1 図Ⅰで「増加」としたのは、「取り組んでいる」
とした 1,823 の 34.9％と、「取り組んでいない」
とした 3,034 の 23.1％で、前者は 600 強、後
者は 700 程度ですから、合計で 1,500 には及
びません。

34.9％は、$\frac{1}{3}$ ちょっと、
23.1％は $\frac{1}{4}$ 弱って感じ
で概算するといいよ!

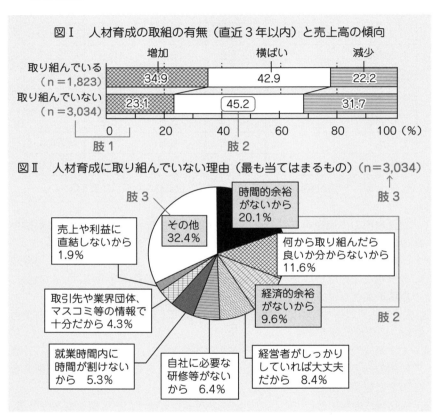

図Ⅰ　人材育成の取組の有無（直近 3 年以内）と売上高の傾向

図Ⅱ　人材育成に取り組んでいない理由（最も当てはまるもの）（n＝3,034）

肢2 図Ⅰの「取り組んでいない」で「横ばい」としたのは 45.2％で、図Ⅱで
「時間的余裕がないから」と「経済的余裕がないから」の合計は、20.1 ＋ 9.6
＝ 29.7（％）です。45.2％と 29.7％を足し合わせても 100％を超えませ
んので、その両方にあてはまる事業者が確実にいるとは限りません。
　　よって、このようなことはいえません。

肢3 図Ⅱの「その他」は 32.4％で、それ以外は 67.6％ですから、事業者数は <u>3,034 × 67.6％</u> で、2,000 を超えます。

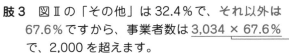

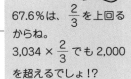

67.6％は、$\frac{2}{3}$ を上回るからね。

$3,034 × \frac{2}{3}$ でも 2,000 を超えるでしょ!?

肢4 表で、「技術・技能の向上」を1位または3位に挙げた事業者は 49.0 + 7.9 = 56.9（％）で、このうち、「専門知識の向上」または「コミュニケーション力」を2位に挙げた事業者がどの程度か考えます。

表の（注）より、1～3位に挙げた項目に重複はないからね。

この 56.9％の事業者は、<u>2位に「技術・技能の向上」を挙げることはない</u>ので、2位には「専門知識の向上」または「コミュニケーション力」（以下Aとします）またはそれ以外の5項目（以下Bとします）のいずれかを挙げたわけですが、Bを2位に挙げた事業者は 16.2 + 6.0 + 5.8 + 3.3 + 6.8 = 38.1（％）しかいませんので、少なくとも 56.9 − 38.1 = 18.8（％）の事業者は2位にAを挙げており、その数は、1,823 × 18.8％で、これは 300 以上です。

よって、本肢は確実にいえます。

肢4	1位	2位	3位	合計
技術・技能の向上	(49.0)	16.9	(7.9)	73.8
専門知識の向上	10.6	29.3	21.6	61.5
コミュニケーション力	19.4	15.7	13.8	48.9
士気の向上	3.8	16.2	13.9	33.9
経営・マネジメント力	12.7	6.0	7.3	26.0
ITスキルの向上	2.1	5.8	5.1	13.0
プレゼンテーション力	1.4	3.3	3.8	8.5
その他	1.0	6.8	26.6	34.4
合計	100.0	100.0	100.0	300.0

肢4 ── (n = 1,823)（単位：％）

A：技術・技能の向上、専門知識の向上、コミュニケーション力
B：士気の向上、経営・マネジメント力、ITスキルの向上、プレゼンテーション力、その他

肢5 表で「士気の向上」を挙げた事業者の中にも、図Ⅰで「横ばい」または「減少」とした事業者がいる可能性はあります。

正解 4

きちんと計算

肢1 1,823 × 0.349 + 3,034 × 0.231 ≒ 636 + 701 = 1,337

肢4は、Unit9 PLAY4の肢2、Unit11 PLAY1の肢4、Unit13 PLAY3の肢1と同じ趣旨だね。いずれも正解肢になっているように、ここに出題者の意図があるみたいだね！

　表は、国籍別の訪日外国人 1 人当たりの宿泊数と費目別旅行支出の推移を示したものである。これから確実にいえるのはどれか。

年	国籍	宿泊数 (泊)	旅行支出（円）					
			総額	宿泊料金	飲食費	交通費	買物代	その他
2010	韓国	7.5	80,875	27,565	18,163	9,456	20,458	5,223
	中国	18.2	176,784	36,543	25,393	10,338	86,752	17,758
	インド	24.3	177,315	90,021	37,288	21,011	22,856	6,139
	フランス	21.4	232,668	68,560	52,254	32,448	65,324	14,082
	オーストラリア	11.9	169,445	64,360	35,898	22,132	33,124	13,931
2013	韓国	6.5	80,529	26,044	19,260	9,673	22,678	2,874
	中国	19.8	209,898	49,982	32,517	13,212	110,057	4,130
	インド	25.5	144,644	76,089	26,610	15,960	24,261	1,724
	フランス	20.0	203,913	91,395	44,931	28,480	33,059	6,048
	オーストラリア	13.4	213,055	90,890	46,890	31,244	36,867	7,164
2016	韓国	4.5	70,281	22,090	17,847	7,505	19,562	3,277
	中国	11.8	231,504	44,126	38,943	19,917	122,895	5,623
	インド	22.8	144,275	61,354	27,379	19,713	32,971	2,858
	フランス	16.0	189,006	75,462	40,799	34,590	30,299	7,856
	オーストラリア	13.2	246,866	99,802	51,202	40,169	37,587	18,106

1. 2010 年において、1 泊当たりの交通費が最も高いのは、フランス国籍の訪日外国人である。
2. 2013 年において、旅行支出総額に占める買物代の割合が最も低いのは、オーストラリア国籍の訪日外国人である。
3. 2013 年における中国国籍の訪日外国人の 1 泊当たりの宿泊料金は、2016 年のそれの半分以下である。
4. 2016 年についてみると、1 泊当たりの買物代の 2010 年からの増加率は、インド国籍の訪日外国人の方が、中国国籍の訪日外国人よりも高い。
5. 2016 年において、旅行支出総額に占める飲食費の割合が最も高いのは、韓国国籍の訪日外国人である。

計算が多いけど、概算でチャッチャとやれば、そんなに時間はかからないよ！

肢1 2010年のフランスの宿泊数は21.4泊で、交通費は32,448円ですから、1泊当たり1,500円程度です。一方、オーストラリアは11.9泊で22,132円ですから、1泊当たり2,000円近くになります。

よって、最も高いのはフランスではありません。

肢2 2013年のフランスとオーストラリアについて、総額に占める買物代の比率を次のように比較します（基本事項①）。

よって、最も低いのはオーストラリアではありません。

年	国籍	宿泊数（泊）	旅行支出（円）					
			総額	宿泊料金	飲食費	交通費	買物代	その他
2010	韓国	7.5	80,875	27,565	18,163	9,456	20,458	5,223
	中国	18.2	176,784	36,543	25,393	10,338	86,752	17,758
	インド	24.3	177,315	90,021	37,288	21,011	22,856	6,139
	フランス	21.4	232,668	68,560	52,254	32,448	65,324	14,082
	オーストラリア	11.9	169,445	64,360	35,898	22,132	33,124	13,931
2013	韓国	6.5	80,529	26,044	19,260	9,673	22,678	2,874
	中国	19.8	209,898	49,982	32,517	13,212	110,057	4,130
	インド	25.5	144,644	76,089	26,610	15,960	24,261	1,724
	フランス	20.0	203,913	91,395	44,931	28,480	33,059	6,048
	オーストラリア	13.4	213,055	90,890	46,890	31,244	36,867	7,164
2016	韓国	4.5	70,281	22,090	17,847	7,505	19,562	3,277
	中国	11.8	231,504	44,126	38,943	19,917	122,895	5,623
	インド	22.8	144,275	61,354	27,379	19,713	32,971	2,858
	フランス	16.0	189,006	75,462	40,799	34,590	30,299	7,856
	オーストラリア	13.2	246,866	99,802	51,202	40,169	37,587	18,106

肢3　中国の 2013 年の宿泊数は 19.8 泊で、宿泊料金は 49,982 円ですから、1 泊当たり 2,500 円程度です。また、2016 年は、11.8 泊で 44,126 円ですから、1 泊当たり 4,000 円に足りません。

　　　よって、前者は後者の半分以下ではありません。

肢4　インドの 2010 年の宿泊数は 24.3 泊で、買物代は 22,856 円ですから、1 泊当たり 900 円以上です。また、2016 年は、22.8 泊で 32,971 円ですから、1 泊当たり 1,500 円に足りません。よって、2010 年 → 2016 年で、2 倍まで増えていません。

　　　一方、中国の 2010 年は、18.2 泊で 86,752 円ですから、1 泊当たり 5,000 円に足りません。また、2016 年は、11.8 泊で 122,895 円ですから、1 泊当たり 10,000 円を超えます。よって、2010 年 → 2016 年で、2 倍以上を超えます。

　　　これより、2010 年 → 2016 年の増加率は、インドより中国のほうが高いとわかります。

肢 4

年	国籍	宿泊数（泊）	旅行支出（円）					
			総額	宿泊料金	飲食費	交通費	買物代	その他
2010	韓国	7.5	80,875	27,565	18,163	9,456	20,458	5,223
	中国	18.2	176,784	36,543	25,393	10,338	86,752	17,758
	インド	24.3	177,315	90,021	37,288	21,011	22,856	6,139
	フランス	21.4	232,668	68,560	52,254	32,448	65,324	14,082
	オーストラリア	11.9	169,445	64,360	35,898	22,132	33,124	13,931
2013	韓国	6.5	80,529	26,044	19,260	9,673	22,678	2,874
	中国	19.8	209,898	49,982	32,517	13,212	110,057	4,130
	インド	25.5	144,644	76,089	26,610	15,960	24,261	1,724
	フランス	20.0	203,913	91,395	44,931	28,480	33,059	6,048
	オーストラリア	13.4	213,055	90,890	46,890	31,244	36,867	7,164
2016	韓国	4.5	70,281	22,090	17,847	7,505	19,562	3,277
	中国	11.8	231,504	44,126	38,943	19,917	122,895	5,623
	インド	22.8	144,275	61,354	27,379	19,713	32,971	2,858
	フランス	16.0	189,006	75,462	40,799	34,590	30,299	7,856
	オーストラリア	13.2	246,866	99,802	51,202	40,169	37,587	18,106

肢 5

肢 4

肢5 2016年の韓国の飲食費は 17,847 円で、
　　これは総額 70,281 円の $\frac{1}{4}$ 以上です。

　　　他にこのような国籍はありませんので、
　　最も高いのは韓国と判断できます。
　　　よって、本肢は確実にいえます。

70,000 ÷ 4 = 17,500 だか
らね。

飲食費をざっくり 4 倍して
確認してみよう！ どこも支
出総額に及ばないでしょ！

正解 ▶ 5

きちんと計算

肢2　フランス　　　　　33,059 ÷ 203,913 ≒ 0.162
　　　オーストラリア　36,867 ÷ 213,055 ≒ 0.173

肢4　インド　2010 年　22,856 ÷ 24.3 ≒ 941
　　　　　　　2016 年　32,971 ÷ 22.8 ≒ 1,446
　　　中国　　2010 年　86,752 ÷ 18.2 ≒ 4,767
　　　　　　　2016 年　122,895 ÷ 11.8 ≒ 10,415

肢5　韓国　　　　　　　17,847 ÷ 70,281 ≒ 0.254
　　　中国　　　　　　　38,943 ÷ 231,504 ≒ 0.168
　　　インド　　　　　　27,379 ÷ 144,275 ≒ 0.19
　　　フランス　　　　　40,799 ÷ 189,006 ≒ 0.216
　　　オーストラリア　51,202 ÷ 246,866 ≒ 0.207

次の図から確実にいえるのはどれか。

一次エネルギー供給量及びそのエネルギー源別構成比の推移

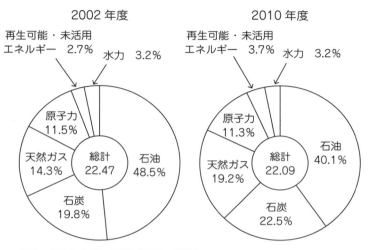

（注）一次エネルギー供給量の単位　10^{18}J

1. 2002 年度の天然ガスの供給量は、2010 年度のそれの 80％を超えている。
2. 一次エネルギー供給量の総計の 2002 年度に対する 2010 年度の減少量に占める水力の供給量のそれの割合は、5％を超えている。
3. 2002 年度の石炭の供給量を 100 としたときの 2010 年度のそれの指数は、120 を上回っている。
4. 「再生可能・未活用エネルギー」の供給量の 2002 年度に対する 2010 年度の増加率は、天然ガスの供給量のそれの 1.5 倍より大きい。
5. 石油の供給量の 2002 年度に対する 2010 年度の減少率は、原子力の供給量のそれの 5 倍より大きい。

Unit10 PLAY4 と同じタイプの問題ね！　面倒な選択肢が多いけど、がんばって！

肢1 天然ガスの 2010 年に対する 2002 年の比率を求めます。

まず、総計の 2010 年 → 2002 年 は、22.09 → 22.47 で 0.38 大きいですが、これは 22.09 の 2% に及びません。

1% で、0.2209 だからね。

また、天然ガスの構成比は、19.2 → 14.3 で 4.9 少なく、これは 19.2 のおよそ $\frac{1}{4}$ に当たります。$\frac{1}{4}$ = 0.25 ですから、2002 年の構成比は 2010 年に比べて約 75% となり、求める比率は次のように表せます。

（2010 年）	22.09	×	19.2%
	↓ 1 〜 2%増		↓ 約 75%
（2002 年）	22.47	×	14.3%

これを相乗しても 76% 程度なので、2002 年は 2010 年の 80% を超えてはいません。

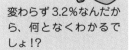

75 の 1 〜 2% 増しと考えればいいね！

肢2 2002 年 → 2010 年の総計の減少量は 0.38 で、水力の減少量は次のようになります。

（2002 年水力）－（2010 年水力）
= 22.47 × 3.2% － 22.09 × 3.2%
= (22.47 － 22.09) × 3.2%
= 0.38 × 3.2%

これより、求める割合は次のようになります。

$$\frac{0.38 \times 3.2\%}{0.38} = 3.2\%$$

よって、水力の割合は 3.2% であり、5% を超えていません。

変わらず 3.2% なんだから、何となくわかるでしょ !?

肢3 2002 年 → 2010 年の石炭の構成比は 19.8 → 22.5 で、2.7 増加していますが、これは 19.8 の 2 割に及びません。

一方、総計は減少していますから、2010 年の石炭は、2002 年の 1.2 倍に満たないのは明らかであり、指数は 120 を上回ってはいません。

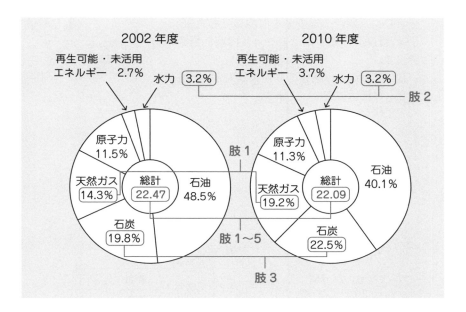

肢4 「再生可能・未活用エネルギー」の 2002 年に対する 2010 年の比率を求めます。

　まず、構成比は 2.7 → 3.7 で、1.0 増加しており、これは 2.7 の 3.5 〜 4 割に当たりますから、1.35 〜 1.4 倍となりますね。

> 3割で0.81、4割で1.08
> だからね。

　さらに、総計が 2％弱減少していますので、これを相乗すると、1.35 倍前後でしょう。

　そうすると、**増加率は 35％前後**と判断できます。

　一方、天然ガスの構成比は 14.3 → 19.2 で、4.9 増加しており、これは、14.3 の 3 〜 3.5 割に当たりますから、1.3 〜 1.35 倍となります。

　同様に、総計の減少分を考慮すると、1.3 倍前後となり、**増加率は 30％前後**と判断できます。

　よって、前者は後者の 1.5 倍には及びません。

肢5　肢 4 と同様に、比率から考えます。

　石油の構成比は、48.5 → 40.1 で、8.4 減少しており、これは、48.5 の 2 割弱に当たりますから、比率は 0.8 倍強です。

　さらに、総計の減少分を考慮すると、0.8 倍前後となり、**減少率は 20％前後**と判断できます。

　一方、原子力の構成比は、11.5 → 11.3 で、0.2 減少しており、これは 11.5 の 2％弱ですから、比率は 0.98 強です。

さらに、総計の減少分を考慮しても 0.96 ～ 0.97 程度で、減少率は 3 ～ 4 ％程度と判断できます。

よって、<u>前者は後者の 5 倍より大きいと判断でき</u>、本肢は確実にいえます。

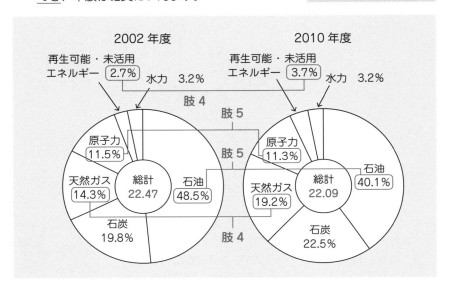

正解 5

肢1　2010 年　22.09 × 19.2% ≒ 4.24
　　　2002 年　22.47 × 14.3% ≒ 3.21
　　　2010 年に対する 2002 年の比率　3.21 ÷ 4.24 ≒ 0.76

肢4　「再生可能・未活用エネルギー」の 2002 年に対する 2010 年の比率
$$\frac{22.09 \times 3.7\%}{22.47 \times 2.7\%} ≒ 1.347（増加率 34.7\%）$$
　　　天然ガスの 2002 年に対する 2010 年の比率
$$\frac{22.09 \times 19.2\%}{22.47 \times 14.3\%} ≒ 1.32（増加率 32.0\%）$$

肢5　石油の 2002 年に対する 2010 年の比率
$$\frac{22.09 \times 40.1\%}{22.47 \times 48.5\%} ≒ 0.813（減少率 18.7\%）$$
　　　原子力の 2002 年に対する 2010 年の比率
$$\frac{22.09 \times 11.3\%}{22.47 \times 11.5\%} ≒ 0.966（減少率 3.4\%）$$
　　　原子力に対する石油の減少率の割合
　　　　18.7 ÷ 3.4 = 5.5（倍）

　図Ⅰ，Ⅱは、ある国の2008年及び2009年における月別外国人入国者数と、その前年同月との増減率を示したものである。これらの図からいえることとして最も妥当なのはどれか。

図Ⅰ（2008年）

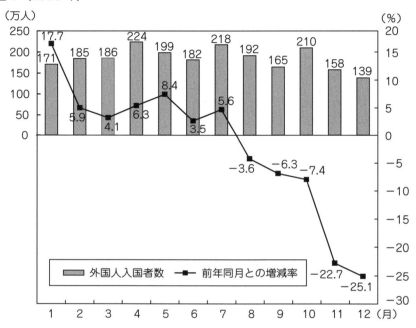

図Ⅱ（2009年）

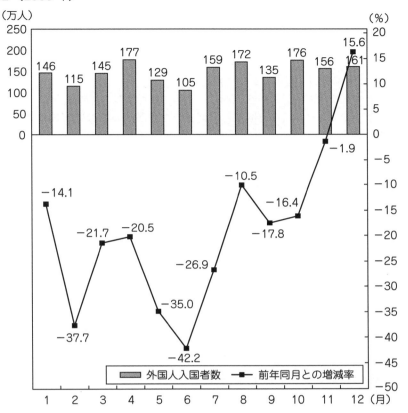

1. 月別の外国人入国者数は、2007年以降、3年間連続して4月が最も多い。
2. 2007年11月における外国人入国者数は、その前月の入国者数と比べて増加している。
3. 外国人入国者数を前月と比較すると、2008年8月から2009年11月まで減少を続けている。
4. 2007年における月別外国人入国者数については、12月が最も少なかった。
5. 2008年の外国人入国者数の総数は、2009年の総数より400万人以上多い。

前年同月増減率から、前年の大体の数字の見当をつけられるように練習してみて！

肢1 2008 年，2009 年はグラフから明らかに 4 月が最も多いので、2007 年について確認します。

2008 年 4 月の入国者数は 224 ですが、これは 2007 年 4 月の入国者数から 6.3％増加した値なので、2007 年 4 月は、この増加分だけ少なかったことになります。そうすると、概ね 200 の 6.3％として、13 くらいを差し引いて 211 程度でしょうか。

一方、2008 年 10 月を見ると、前年 10 月より 7.4％減少して 210 ですから、2007 年 10 月は、この減少分だけ多かったわけです。概ね 200 の 7.4％で 15 くらいとしても 225 程度ですから、2007 年は 4 月より 10 月のほうが多かったと推測できます。

ちなみに、「2008 年の各月の値 ＝ 2007 年の各月の値 × 対前年同月比」なので、2007 年の各月の値は、「2008 年の各月の値 ÷ 対前年同月比」で求められ、これによると、次のように確認できます（基本事項①）。

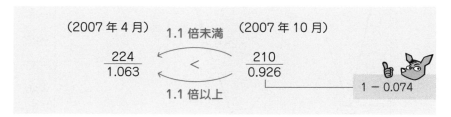

肢2 2008 年の 11 月は、前年同月より 22.7％減少していますから、前年同月比は 1 － 0.227 ＝ 0.773 となります。

すなわち、前年 11 月の 77.3％で 158 となりますが、200 × 0.773 ＝ 154.6 から見当をつけると、2007 年 11 月は 200 強と推測できます。

$\dfrac{1}{4}$ くらい減って 150 ちょいだから、200 あたりかな？って感じで、キリのいい数字を考えるんだ！

そうすると、肢 1 より、前月の 10 月は 225 程度ありますので、11 月は前月と比べて増加していないと判断できます。

ちなみに、2007 年 10 月と 11 月も次のように比較できます。

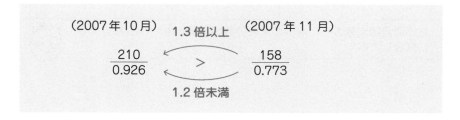

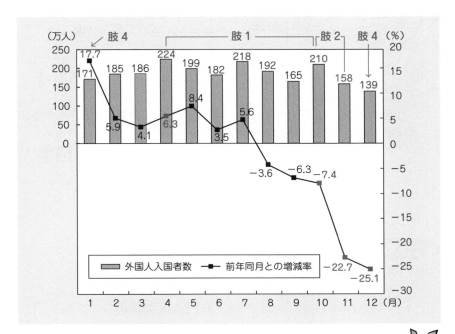

肢3 2008年8月から2009年11月の間、<u>前年同月に対する増減率はいずれもマイナス</u>ですが、<u>「前月比」は単純に前月の値と比較</u>すればOKです。

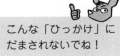
こんな「ひっかけ」にだまされないでね！

そうすると、2008年10月, 2009年1月, 3月, 4月, 7月, 8月, 10月は、入国者数が前月より増加しており、減少を続けてはいません。

肢4 2008年12月は、前年同月より25.1％減少して139ですが、180の25％減で135ですから、2007年12月は180以上と推測できます。

一方、2008年1月を見ると、前年同月より17.7％増加して171なので、2007年1月は171より少ないのは明らかです。

よって、2007年で最も少なかったのは、12月ではありません。

肢5　各月ごとに、「2008年 − 2009年」を計算してみます。

概算でOK！

1月	2月	3月	4月	5月	6月	7月	8月	9月	10月	11月	12月
25	70	41	47	70	77	59	20	30	34	2	−22

　8月，11月，12月を相殺して、残りをざっくり計算しても、400を超えるのはわかりますから、本肢は妥当です。

||正解▶ 5

きちんと計算

肢1，2　2007年4月　　224 ÷ 1.063 ≒ 210.7
　　　　2007年10月　210 ÷ (1 − 0.074) ≒ 226.8
　　　　2007年11月　158 ÷ (1 − 0.227) ≒ 204.4

肢4　2007年1月　　171 ÷ 1.177 ≒ 145.3
　　　2007年12月　139 ÷ (1 − 0.251) ≒ 185.6

肢5　25 + 70 + 41 + 47 + 70 + 77 + 59 + 20 + 30 + 34 + 2 − 22 = 453

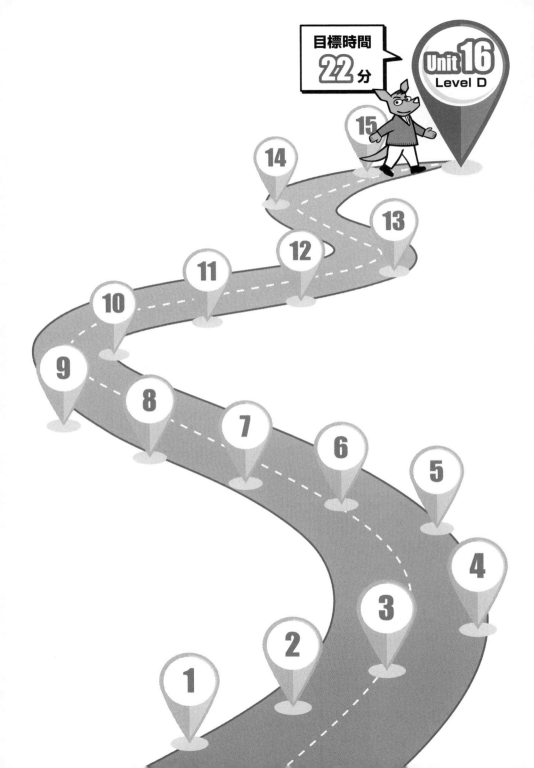

図は、2000年度と2016年度の我が国における物質フローを示したものである。また、2018年度に策定された第四次循環基本計画では、以下のような**循環利用率の目標**が定められている。これらから確実にいえるのはどれか。

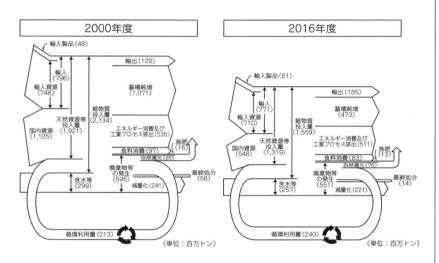

なお、入口側，出口側は、それぞれ次の項目の合計で示すことができ、これらの項目の合計量は入口側と出口側で等しいが、図の数値については四捨五入のため、入口側と出口側でこれらの項目の合計値が一致しない場合がある。

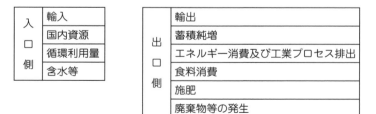

我が国の物質フローに関する**循環利用率の目標**（第四次循環基本計画より）

・入口側の循環利用率（＝循環利用量／（循環利用量＋天然資源等投入量））
　　2025年度において、入口側の循環利用率を18％とする。
・出口側の循環利用率（＝循環利用量／廃棄物等の発生）
　　2025年度において、出口側の循環利用率を47％とする。

1. 2000年度と2016年度の間での、入口側と出口側それぞれにおける各項目の構成割合の差をみると、入口側では「国内資源」の差が最も大きい。一方、出口側では「輸出」の差が最も大きく、次いで「蓄積純増」の差となっている。

2. 入口側の「国内資源」が、出口側で「蓄積純増」又は「エネルギー消費及び工業プロセス排出」となった量をみると、2000年度の方が2016年度よりも830百万トン以上多い。

3. 2000年度に比べ、2016年度の入口側の循環利用率は上昇しているが、入口側の循環利用率の2025年度の目標を達成するには、2000年度循環利用率から約8ポイント上昇させる必要がある。

4. 2025年度の「総物質投入量」と「廃棄物等の発生」が2016年度と同じであると仮定すると、出口側の循環利用率の目標を達成するには、2016年度から「減量化」を少なくとも2割減少させる必要がある。

5. 2016年度から2025年度までの各年度における出口側の循環利用率の増加ペースが、2000年度から2016年度までの平均と同じであると仮定すると、2025年度に出口側の循環利用率の目標を達成することはできない。

図も特殊だし、ちょっとヘビーな問題だけど、ガンバレ〜！

肢1 入口側において、2000年の合計は2,134 ＋ 299 ＝ 2,433で、「国内資源」は1,125ですから、構成比は45%以上あります。また、2016年の合計は1,559 ＋ 257 ＝ 1,816で、「国内資源」は548ですから30%程度に過ぎません。これより、「国内資源」の構成比の差は15%位あるとわかります。

では、その他の項目について、構成比の差がこれを上回るかを確認します。

まず、「輸入」について、2000年は796で、合計2,433の $\frac{1}{3}$ 弱ですから、33%位です。2016年は771で、合計1,816の40%以上ありますが、45%には及ばず、構成比の差は10%前後とわかります。

次に、「循環利用量」について、2000年は213で、合計2,433の8〜9%程度、2016年は240で、合計1,816の13〜14%程度ですから、構成比の差は4〜6%です。

総物質投入量＋含水等で求められるね。

2,433の40%で1,000弱、50%で1,200強だから、その中間よりちょっと多いかな。

1,816の10%で181.6だから、548はそのちょうど3倍くらいだね。

1,800 × 45% ＝ 810だからね。

最後に、「含水等」について、2000年は299で、合計2,433の12%程度、2016年は257で合計1,816の14%程度ですから、構成比の差はわずかです。

よって、入口側の構成比の差が最も大きいのは「国内資源」とわかります。

では、出口側について、まず、「輸出」の2000年は120で、合計2,433の5%弱、2016年は185で、合計1,816の10%強ですから、構成比の差は5～6%です。

また、「蓄積純増」の2000年は1,071で、合計2,433の40%以上、2016年は473で、合計1,816の30%に足りず、構成比の差は10%以上とわかります。

よって、出口側で差が最も多いのは「輸出」ではありません。

合計は、入口側と等しいという前提で考えるよ。問題文にある四捨五入の影響なんてわずかだからね。
ちなみに、出口側をきちんと計算すると、2000年は2,434、2016年は1,816になるよ。

肢2 出口側の「蓄積純増」と「エネルギー消費及び工業プロセス排出」の合計をA、その他の合計をBとすると、2000年のAは1,071 + 535 = 1,606、Bは2,433 - 1,606 = 827です。そうすると、「国内資源」は1,125ですから、Bになったのがすべて「国内資源」であったとしても、1,125 - 827 = 298はAになりますから、「国内資源」のうちAとなった量は298～1,125となります。

同様に、2016年のAは473 + 511 = 984、Bは1,816 - 984 = 832で、「国内資源」は548ですから、「国内資源」がすべてBになった可能性もあるので、Aとなった量は0～548となります。

これより、2000年が2016年より830以上多いとはいえません。

2016年のほうが多い可能性もあるよね!

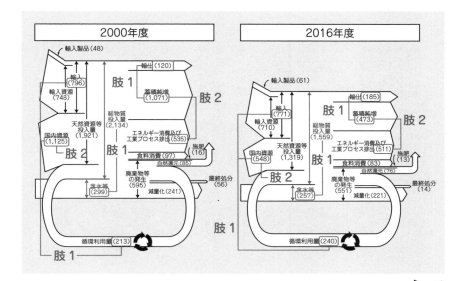

肢3 与えられた「循環利用率」の式より、2000年の入口側の循環利用率は 213/2,134 で、これは約10％ですね。また、2016年のそれは 240/1,559 で、15％位に上昇しています。

> （循環利用量＋天然資源等投入量）は「総物質投入量」に当たるよね。

　さらに、2025年の目標18％を達成するには、2000年の「約10％」から約8ポイント（基本事項⑤）上昇させる必要があり、本肢は確実にいえます。

肢4 2025年の「廃棄物等の発生」が、2016年と同じ551であった場合、出口側の循環利用率を目標の47％にするには、循環利用量が 551 × 47％あればよく、これは260程度ですね。

　そうすると、「自然還元」「最終処分」「減量化」の合計が、551 － 260 ＝ 291 より少なくなればいいので、必ずしも「減量化」を2016年の221から減少させなければならないわけではありません。

肢5 出口側の2000年の循環利用率は 213/595 で、36％程度ですね。また、2016年のそれは 240/551 で、これは44％程度になります。そうすると、2000年→2016年の6年間で8％ほど増加していますので、2016年→2025年の9年間も同じペースなら47％は明らかに超えます。

> ここは、ある程度計算してみたほうがいいかな。

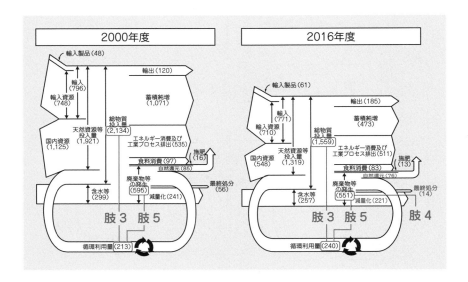

2000年度	2016年度

・入口側の循環利用率（＝循環利用量／（循環利用量＋天然資源等投入量））
　　2025年度において、入口側の循環利用率を⟨18%⟩とする。──────── 肢3
・出口側の循環利用率（＝循環利用量／廃棄物等の発生）
　　2025年度において、出口側の循環利用率を⟨47%⟩とする。──── 肢4, 5

肢1の入口側の確認でずいぶん時間取られちゃったよな…。

私は、出口側から先に見たわよ。差が1番と2番の2つを言ってるから、どっちか違ったら切れるかなと思って。

問題文でも、入口側のほうは前置きで、出口側がメインな感じがするよね!?
入口側も、「国内資源」に及ばないことを確認するだけなら、そこまで細かく見なくてもいいし!
出口側だって、そもそも「輸出」の構成比は小さいから、そんなに差は生まれないだろうってことで切っちゃっていいしね!

えぇー!
要領悪いのオレだけ?

肢1　国内資源　　2000 年　　　1,125 ÷ 2,433 ≒ 0.462
　　　　　　　　2016 年　　　548 ÷ 1,816 ≒ 0.302
　　　　　　　　構成比の差　0.462 − 0.302 = 0.16（= 16.0%）
　　　輸入　　　2000 年　　　796 ÷ 2,433 ≒ 0.327
　　　　　　　　2016 年　　　771 ÷ 1,816 ≒ 0.425
　　　　　　　　構成比の差　0.425 − 0.327 = 0.098（= 9.8%）
　　　循環利用量　2000 年　　213 ÷ 2,433 ≒ 0.088
　　　　　　　　2016 年　　　240 ÷ 1,816 ≒ 0.132
　　　　　　　　構成比の差　0.132 − 0.088 = 0.044（= 4.4%）
　　　含水等　　2000 年　　　299 ÷ 2,433 ≒ 0.123
　　　　　　　　2016 年　　　257 ÷ 1,816 ≒ 0.142
　　　　　　　　構成比の差　0.142 − 0.123 = 0.019（= 1.9%）
　　　輸出　　　2000 年　　　120 ÷ 2,434 ≒ 0.049
　　　　　　　　2016 年　　　185 ÷ 1,816 ≒ 0.102
　　　　　　　　構成比の差　0.102 − 0.049 = 0.053（= 5.3%）
　　　蓄積純増　2000 年　　　1,071 ÷ 2,434 ≒ 0.44
　　　　　　　　2016 年　　　473 ÷ 1,816 ≒ 0.26
　　　　　　　　構成比の差　0.44 − 0.26 = 0.18（= 18.0%）

肢5　2000 年　213 ÷ 595 ≒ 0.358
　　　2016 年　240 ÷ 551 ≒ 0.436

表は、我が国の新聞の発行部数の経年変化を 5 年間隔で示したものである。これから確実にいえるのはどれか。

なお、発行部数総数及び普及度[1] に対して用いた部数は、朝夕刊セットを 1 セットで 1 部として算出したものである。

| 統計年 | 発行部数 (1,000 部) | | | | 普及度[1] | |
	総数 (a)[2] (=b+c+d)	朝夕刊 セット (b)	朝刊のみ (c)	夕刊のみ (d)	1 部当たり 人口（人） （人口をe と するとe/a）	1 世帯当たり 部数（部） （世帯数をf と するとa/f）
昭和 55 年	46,391	19,866	24,271	2,255	2.50	1.29
昭和 60 年	48,232	20,065	26,038	2,129	2.49	1.25
平成 2 年	51,908	20,616	29,268	2,023	2.36	1.26
平成 7 年	52,855	19,192	31,645	2,017	2.36	1.19
平成 12 年	53,709	18,187	33,703	1,819	2.35	1.13
平成 17 年	52,568	17,112	33,928	1,529	2.41	1.04

（注）[1] 普及度：住民基本台帳に基づく各年 3 月末の人口及び世帯数をもとに算出
　　　[2] 総数（a）：四捨五入の関係で、b + c + d の合計値と異なることがある。

（出典）「日本の統計 2007」（総務省）より引用・加工

1. 5 年ごとにみた場合、朝夕刊セット発行部数の増減が最も大きいのは、平成 7 年と平成 12 年の間である。
2. 朝夕刊セットの発行部数に対する朝刊のみの発行部数の割合は、統計年ごとに大きくなっている。
3. 普及度をもとに計算すると、日本の人口は、昭和 55 年に既に 1 億 2 千万人を超えていた。
4. 普及度をもとに計算すると、1 世帯当たりの人数（世帯人員）は、昭和 60 年までは 4 人を超えていたが、17 年には 3 人を切っている。
5. 朝刊の発行部数を朝夕刊セットと朝刊のみの部数の合計とし、夕刊も同様に計算すると、夕刊の発行部数が朝刊の発行部数の 2 分の 1 を初めて割り込んだのは平成 7 年である。

与えられたデータから、人口や世帯数、1 世帯当たりの人数もわかるよね！

肢1 朝夕刊セットの平成7年→12年は、19,192→18,187で、1,000ちょっとの減少ですが、平成2年→7年は、20,616→19,192で、1,400以上減少しています。

よって、増減が最も大きいのは、7年→12年ではありません。

肢2

統計年	発行部数（1,000部）				普及度※1	
	総数 (a)※2 (＝b＋c＋d)	朝夕刊セット (b)	朝刊のみ (c)	夕刊のみ (d)	1部当たり人口（人） （人口をeとするとe/a）	1世帯当たり部数（部） （世帯数をfとするとa/f）
昭和55年	46,391	19,866	24,271	2,255	2.50	1.29
昭和60年	48,232	20,065	26,038	2,129	2.49	1.25
平成2年	51,908	20,616	29,268	2,023	2.36	1.26
平成7年	52,855	19,192	31,645	2,017	2.36	1.19
平成12年	53,709	18,187	33,703	1,819	2.35	1.13
平成17年	52,568	17,112	33,928	1,529	2.41	1.04

肢1

肢2 朝夕刊セットと朝刊のみの増加率を比較します。

朝夕刊セットの昭和55年→60年は、19,866→20,065で、200程度の増加ですから、増加率は1%程度です。また、60年→平成2年は、20,065→20,616で、550程度の増加ですから、増加率は3%未満です。さらに、これ以降は減少しているので、増加率はいずれもマイナスになります。

一方、朝刊のみの昭和55年→60年は、24,271→26,038で、1,700以上増加しており、増加率は6%を超えます。また、60年→平成2年は、26,038→29,268で、3,000以上増加しており、増加率は10%を超えます。そしてさらに、これ以降も増加を続けています。

以上をまとめると、次のようになりますね。

	（55年）	（60年）	（2年）	（7年）	（12年）	（17年）
セット	19,866 →	20,065 →	20,616 →	19,192 →	18,187 →	17,112
		約1％増	2〜3％増	減少	減少	減少
朝 刊	24,271 →	26,038 →	29,268 →	31,645 →	33,703 →	33,928
		6％以上増	10％以上増	増加	増加	増加

　　これより、いずれの統計年も、朝夕刊セットの増加率＜朝刊のみの増加率とわかり、朝夕刊セットに対する朝刊のみの割合は、統計年ごとに大きくなっています（基本事項⑦）。
　　よって、本肢は確実にいえます。

肢3　総数（a）と、普及度の「1部当たり人口（e／a）」より、人口は次のように求められます。

$$人口（e）＝a× \frac{e}{a}$$
$$⇩$$
$$人口（千人）＝総数（1,000部）×1部当たり人口$$

　　これより、昭和55年の人口は、46,391 × 2.50 となり、これは 48,000 × 2.5 ＝ 120,000 より少ないので、120,000（千人）＝1億2千万人を超えていません。

	発行部数（1,000 部）				普及度※1	
統計年	総数 (a)※2 (＝b+c+d)	朝夕刊 セット (b)	朝刊のみ (c)	夕刊のみ (d)	1部当たり 人口（人） (人口をeと すると e/a)	1世帯当たり 部数（部） (世帯数をfと すると a/f)
昭和 55 年	46,391	19,866	24,271	2,255	2.50	1.29
昭和 60 年	48,232	20,065	26,038	2,129	2.49	1.25
平成 2 年	51,908	20,616	29,268	2,023	2.36	1.26
平成 7 年	52,855	19,192	31,645	2,017	2.36	1.19
平成 12 年	53,709	18,187	33,703	1,819	2.35	1.13
平成 17 年	52,568	17,112	33,928	1,529	2.41	1.04

肢 3　肢 4（上部）

肢 3（総数）

肢 5　肢 4（下部）

肢 4　1 世帯当たり人数は、人口 ÷ 世帯数なので、普及度のデータより次のように求められます。

$$人口（e）÷世帯数（f）＝1 世帯当たり人数 \left(\frac{e}{f}\right)＝\frac{e}{a}×\frac{a}{f}$$

$$⇩$$

$$1 世帯当たり人数（人）＝1 部当たり人口×1 世帯当たり部数$$

　これより、昭和 55 年の 1 世帯当たり人数は 2.50 × 1.29 で、60 年のそれは 2.49 × 1.25 ですが、これらはいずれも 4 人を超えていません。

肢 5　平成 2 年について、朝刊は 20,616 ＋ 29,268 で、50,000 弱ですが、夕刊は 20,616 ＋ 2,023 で、23,000 に足りません。
　　　よって、この時点で 2 分の 1 を割り込んでいます。

|| 正解 ▶ 2

　図は、平成 15 年の訪日外国人旅行者数の月別推移を表したものであるが、これから確実にいえるのはどれか。

平成 15 年の訪日外国人旅行者数の月別推移

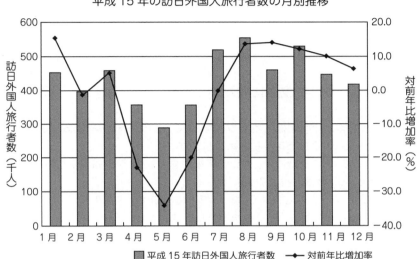

（出典）国土交通省「平成 16 年版観光白書」より引用・加工

1．平成 14 年中で、訪日外国人旅行者数が最も多かったのは、7 月の約 52 万人である。
2．平成 14 年中で、訪日外国人旅行者数が最も少なかったのは、5 月の約 45 万人である。
3．平成 15 年の訪日外国人旅行者数を月平均でみると、約 39 万人／月である。
4．平成 15 年の訪日外国人旅行者数は、前年に比べて約 8% 増となっている。
5．平成 15 年 1 ～ 12 月の対前月比増加率をみると、最も増加率が高いのは 7 月の約 33% である。

対前年比増加率の問題は面倒なのが多いね。めっちゃ面倒な選択肢は後回しでいいんだけど、本問はどこかで勝負しなきゃならないかな！

肢1 15年の7月は、約520（千人）＝約52万人で、対前年比増加率がほぼ0％ですから、14年とほぼ同じで、14年の7月も約52万人です。

　　　あとは、14年の旅行者数がこれを上回る月があるかを検討します（以下、単位「千人」を省略します）。

　　　15年の旅行者数が520を超える8月と10月については、いずれも前年比で10％以上増加しています。そうすると、仮に14年が520以上だとすると、15年は520 × 1.1 ＝ 572（以上）となりますが、両月ともこれに足りません。

　　　よって、14年の8月，10月は520には及ばないと判断できます。

　　　次に、1，3，9，11，12の各月においては、15年の旅行者数が520に満たないですが、前年比がプラスなので、前年より増えていることになります。

　　　そうすると、前年はこれより少なかったわけですから、14年の旅行者数もやはり520に及ばないとわかります。

　　　また、2月についても、15年が400弱で、前年比も0％に近いので、14年も400程度と推測できます。

　　　残る4，5，6月については、対前年比がマイナスなので、14年のほうが多くなりますから、その数を確認します。

　　　まず、4月と6月は減少率が25％未満ですが、仮に14年が520以上とすると、25％減少しても、520 × 0.75 ＝ 390（以上）あることになりますが、いずれの月も15年の旅行者数は390に満たないので、14年の4月，6月は520に満たないとわかります。

　　　そして、5月については、減少率が約34％ですが、やはり14年が520以上とすると、40％減少しても、520 × 0.6 ＝ 312（以上）です。しかし、15年の旅行者数は312より少ないので、14年の5月も520に及びません。

　　　以上より、7月以外のすべての月において、14年の旅行者数は520に及ばず、7月が最も多いと確認でき、本肢は確実にいえます。

肢2 肢1で確認したように、14年の2月は約400（千人）＝約40万人で、最も少なかった月は約45万人ではありません。

肢3　39 万人＝390（千人）のところに線を引き、各月の過不足分を確認すると、次の図の色付きの部分になります。

　これを見ると、不足分に比べて超過分のほうがかなり多いことがわかり、平均は 39 万人を上回ると判断できます。

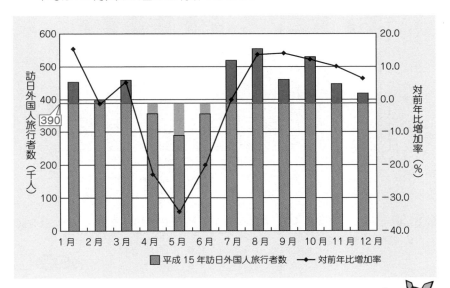

肢4　14 年の各月の旅行者数について極端な差はなさそうですから、とりあえず、単純に対前年比増加率の平均が 8％程度かを検討します。

　そうすると、1，8，9，10，11 月は、増加率が 8％を超えていますが、わずかに大きい程度で、これに対して、4 ～ 6 月の減少率はかなり大きく、平均で 8％も増加しているとは考えられません。

> 14 年の各月の旅行者数が極端に違うと、それぞれの月の増減が全体に及ぼす影響にも差が出るので、単純に増加率を平均するわけにはいかないよね！

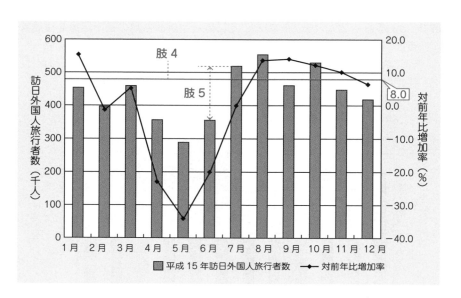

肢5 6月 → 7月では約360 → 約520で、約160増加しており、これは360の40%を超えます。

正解 1

アドバイス

肢1は面倒なら後回しね！
肢4も後回しでいいけど、これがダメっぽいのはわかるでしょ！?
肢2～5は割とカンタンに切れるから、消去法で肢1でいいんじゃないかな。

きちんと計算

肢 1，2　平成 14 年の訪日外国人旅行者数

1 月	$450 \div 1.15 \fallingdotseq 391$（最小）	7 月	$520 \div 1.00 = 520$（最大）
2 月	$395 \div 0.99 \fallingdotseq 399$	8 月	$550 \div 1.13 \fallingdotseq 487$
3 月	$460 \div 1.05 \fallingdotseq 438$	9 月	$460 \div 1.14 \fallingdotseq 404$
4 月	$360 \div 0.77 \fallingdotseq 468$	10 月	$530 \div 1.12 \fallingdotseq 473$
5 月	$290 \div 0.66 \fallingdotseq 439$	11 月	$440 \div 1.10 = 400$
6 月	$360 \div 0.80 = 450$	12 月	$420 \div 1.07 \fallingdotseq 393$

肢 4　平成 14 年の計

$391 + 399 + 438 + 468 + 439 + 450 + 520 + 487 + 404$
$+ 473 + 400 + 393 = 5,262$

平成 15 年の計

$450 + 395 + 460 + 360 + 290 + 360 + 520 + 550 + 460$
$+ 530 + 440 + 420 = 5,235$

14 年に対する 15 年の比率　$\dfrac{5235}{5262} \fallingdotseq 0.995$（0.5％減少）

　図Ⅰは、2004年の我が国のプラスチック製品の排出及び処理処分の状況に関する図であり、図Ⅱは廃プラ総排出量の分野別内訳、図Ⅲは産業廃棄物の分野別内訳、図Ⅳはマテリアルリサイクル（再生利用）の排出源別内訳をそれぞれ示している。これらから確実にいえるのはどれか。

図Ⅰ　2004年の我が国のプラスチック製品の排出及び処理処分の状況

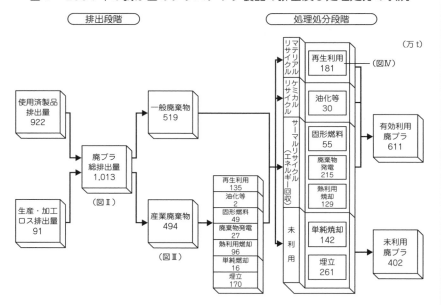

図Ⅱ　廃プラ総排出量の分野別内訳　　図Ⅲ　産業廃棄物の分野別内訳

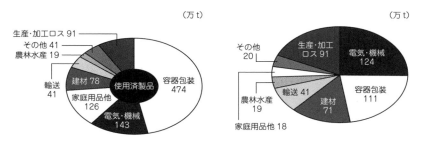

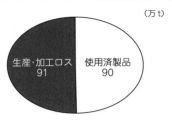

図Ⅳ　マテリアルリサイクル（再生利用）の排出源別内訳

（万 t）

（出典）　社団法人 プラスチック処理促進協会「プラスチック製品の生産・廃棄・再資源
　　　　化・処理処分の状況」（2004 年）より引用・加工

1．一般廃棄物の分野別内訳をみると、容器包装が最も量が多く、2 番目に電気・
　　機械の量が多い。
2．一般廃棄物のうち、単純焼却される廃棄物の量は、廃棄物発電されるもの
　　の量を超えている。
3．廃プラ総排出量のうち、サーマルリサイクルされるものの割合は、50% を
　　超えている。
4．未利用廃プラに占める一般廃棄物の割合は、60% を超えている。
5．マテリアルリサイクルされる使用済製品は、一般廃棄物の方が産業廃棄物
　　よりも多い。

ちょっとヘビーな図だけど、けっこうおもしろい問題だよ！　最後
だから、がんばろう！

肢 1　図Ⅰより、廃プラ総排出量（内訳は図Ⅱ）＝ 一般廃棄物＋産業廃棄物（内
　　　訳は図Ⅲ）なので、一般廃棄物の内訳は、図Ⅱ－図Ⅲで判断できます。
　　　　これより、容器包装と電気・機械については、次のようにわかります。

　　　　　（一般廃棄物　容器包装）　　474 － 111 = 363
　　　　　（一般廃棄物　電気・機械）　143 － 124 = 19

　　　また、家庭用品他のそれは次のようになります。

　　　　　（一般廃棄物　家庭用品他）　126 － 18 = 108

　　　　図Ⅱでは他に 100 を超える分野はないので、最も多いのは容器包装で、
　　　2 番目に多いのは家庭用品他です。

肢2 処理処分段階の図より、単純焼却される量は 142 で、そのうち産業廃棄物は 16 ですから、一般廃棄物では、142 − 16 = 126 となります。

一方、廃棄物発電のそれは、215 − 27 = 188 ですから、こちらのほうが多いとわかります。

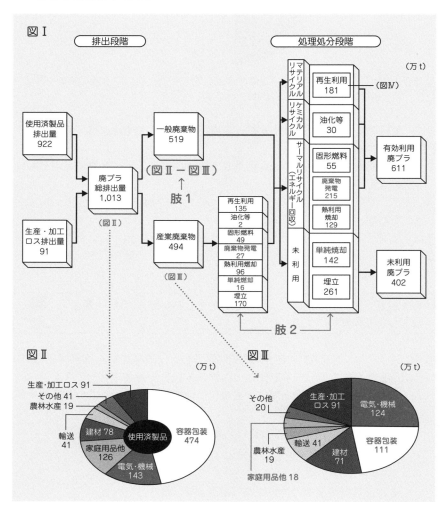

肢3 サーマルリサイクルされるのは、55 ＋ 215 ＋ 129 ＝ 399 で、廃プラ総排出量 1,013 の 50％を超えていません。

肢4 未利用廃プラの 402 は、<u>単純焼却と埋立</u>されるもので、そのうち産業廃棄物は、16 ＋ 170 ＝ 186 であり、402 の 40％を超えます。
　　よって、一般廃棄物の量は 60％に及びません。

> 142 ＋ 261 で、合計がちょっと合わないけど、これも四捨五入の関係だろうね。

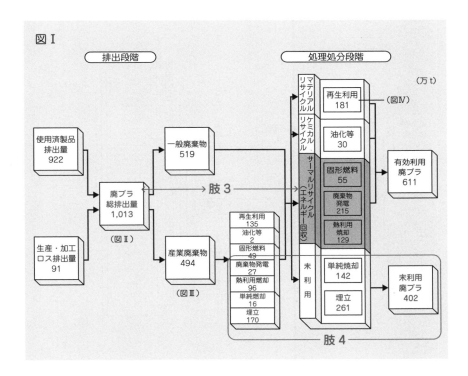

図Ⅰ

排出段階　　　　　　　　　　　　　　処理処分段階

（万 t）

| 使用済製品排出量 922 |
| 廃プラ総排出量 1,013 （図Ⅱ） |
| 生産・加工ロス排出量 91 |
| 一般廃棄物 519 |
| 産業廃棄物 494 （図Ⅲ） |

再生利用 135
油化等 2
固形燃料 49
廃棄物発電 27
熱利用燃却 96
単純燃却 16
埋立 170

マテリアルリサイクル
ケミカルリサイクル
サーマルリサイクル（エネルギー回収）
未利用

再生利用 181 →（図Ⅳ）
油化等 30
固形燃料 55
廃棄物発電 215
熱利用焼却 129
単純焼却 142
埋立 261

有効利用廃プラ 611
未利用廃プラ 402

→ 肢3 →

肢4

肢5 下の図のように、マテリアルリサイクル（再生利用）の 181 の中には、生産・加工ロスの 91 が含まれていますが、図Ⅲからわかるように、これはすべて産業廃棄物です。

　すなわち、産業廃棄物の再生利用 135 の内訳は、生産・加工ロスが 91 で、使用済製品が 135 − 91 = 44 とわかります。

　これより、図Ⅳの使用済製品のうち、一般廃棄物は 90 − 44 = 46 となり、産業廃棄物の 44 より多く、本肢は確実にいえます。

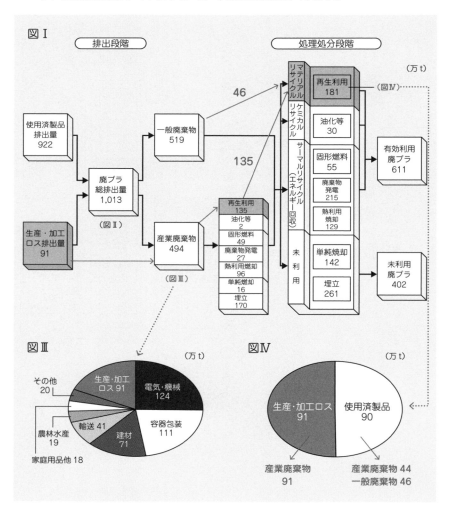

おつかれさま！
ガンバッたね!!

memo

memo

Staff

編集
小野寺紀子

ブックデザイン・カバーデザイン
越郷拓也

イラスト
横山裕子

校正
甲斐雅子　柴﨑直孝　西川マキ

編集アシスト
平井美恵　中野真由子

エクシア出版の正誤情報は、
こちらに掲載しております。
https://exia-pub.co.jp/
未確認の誤植を発見された場合は、
下記までご一報ください。
info@exia-pub.co.jp
ご協力お願いいたします。

著者プロフィール

畑中敦子

大手受験予備校を経て、1994年より、LEC東京リーガルマインド専任講師として、公務員試験数的処理の受験指導に当たる。独自の解法講義で人気を博し、多数の書籍を執筆した後、2008年に独立。
現在、（株）エクシア出版代表取締役として、執筆、編集、出版活動を行っている。

畑中敦子の資料解釈ザ・ベスト NEO

2023年3月19日　初版第1刷発行

著　者：畑中敦子
　　　　© Atsuko Hatanaka 2023 Printed in Japan

発行者：畑中敦子

発行所：株式会社 エクシア出版
　　　　〒102-0083　東京都千代田区麹町6-4-6

印刷・製本：中央精版印刷株式会社

ISBN 978-4-910884-06-6　C1030

多彩なコンテンツで効率的学習を後押し！

□ 学びやすさにこだわった動画講義 □

各動画は１回約１時間。授業を受ける緊張感と集中力が、確実な学習効果に結びつく！途中で中断する場合は中断箇所から再生可能。0.5倍〜2.0倍の速度調整機能で、好みの再生速度を選択！

スマホ画面でもレジュメが見やすいように、講義画面とレジュメ画面を自由に切り替え可能。教材を持ち歩かなくても、移動時間やスキマ時間もムダなく利用！

◎講義画面

◎レジュメ画面

写真はイメージです

□ 手軽にチェックできるテスト問題 □

一問一答（○×）形式など、短時間でサクサク取り組めるテストで手軽に知識の確認！モチベ低下時の転換にも役立つ！

学習履歴から間違えやすい問題の解説を再確認するなど、便利な使い方いろいろ！

□ 自分のタイミングで提出できる添削課題 □

論文・専門記述式の添削は、本番を想定して紙の答案で提出。客観的な指摘・評価を受けて合格答案へブラッシュアップ！

EX STUDY https://ex-study.jp/

エクスタディ ★★★★★
EX STUDY の 5つ星

★1 カリキュラムは自由自在！

多彩なコース設定のほかに、あなた独自のカリキュラムも可能にする個別カスタマイズコースをご用意！学習スタート時期や受講コースに応じた標準スケジュールがわかる！

★2 スマホでも超快適な学習環境！

◎講義画面
◎レジュメ画面

写真はイメージです

講義画面とレジュメを自由に切り替えながら受講できる！
学習場所により最適な使い方が可能なマルチデバイス仕様！

★3 数的処理がスゴイ！

『ザ・ベスト』シリーズで御馴染みの畑中敦子講師が講義を担当！

得意・不得意で選べる4タイプ！数学が苦手な人もしっかりサポートします！「算数・数学の基礎」からスタートし、インプット講座で解法パターンを習得、アウトプット講座で本番の戦い方を学びます。

★4 論文・面接指導がスゴイ！

『小論文バイブル』の寺本康之講師が論文指導を担当！

論文対策は、寺本講師厳選の予想テーマで答案練習！独自の添削指導システムでライバルに差をつける！面接対策は、入塾困難で話題の松村塾とコラボ！1対1のカウンセリングであなたのPRポイントを引き出す！

松村塾代表の吉田和敏講師が面接指導を担当！

★5 講師がスゴイ！

公務員試験を知り尽くした
レジェンド集団！

寺本康之
担当科目 憲法／民法Ⅰ／
民法Ⅱ／行政法／政治学／
行政学／社会学／論文対策

畑中敦子
担当科目
数的推理

髙橋義憲
担当科目
ミクロ経済学／マクロ経済学／
財政学／経済事情・経済史

柴﨑直孝
担当科目
算数・数学の基礎／判断推理／
資料解釈／自然科学

吉田和敏
担当科目
面接対策

EX STUDY　https://ex-study.jp/

EX STUDY エクスタディ公務員試験講座

コース・カリキュラム

多彩なコース設定のほかに、あなた独自のカリキュラムを可能にする個別カスタマイズコースをご用意！

地方上級・国家一般職コース	地方上級、国家一般職（事務系・行政系）の教養試験・専門試験・論文試験・面接試験の対策ができるコース。多様な併願パターンに対応可能！
国税専門官コース	国税専門官の教養試験・専門試験・面接試験の対策ができるコース。国税専門官の出題科目を網羅して学習したい方におススメ。
労働基準監督 A コース	労働基準監督Aの教養試験・専門試験・面接試験の対策ができるコース。労働基準監督Aの出題科目を網羅して学習したい方におススメ。
裁判所職員コース	裁判所職員の教養試験・専門試験・論文試験・面接試験の対策ができるコース。裁判所職員の出題科目を網羅して学習したい方におススメ。
市役所コース	市役所上級の教養試験 (Standardタイプ・Logicalタイプ)・論文試験・面接試験の対策ができるコース。国立大学法人等職員の教養試験等の対策としても利用可。
個別カスタマイズコース	学習時間、併願状況、得意・不得意などの事情を考慮して、各コースをベースに、科目の追加や削除などで最適なコースにカスタマイズできます。

お問合せ / 受講相談

EX-STUDY（エクスタディ）に関するお問合せや受講に関するご相談は、以下いずれかの方法でお気軽にどうぞ！

 ❶ ホームページの
お問合せフォーム
→ https://ex-study.jp/

 ❷ LINE 公式アカウント
→ @390yxuje

❸ メール
→ exstudy@exia-pub.co.jp

 ❹ お電話
→ 03-5825-4620
（月～金曜日10:00～17:00〈祝日を除く〉）

 ご希望によって、Zoom によるオンライン相談も可能です。
まず、上記❶～❹いずれかよりご連絡ください。

エクシア出版の公務員試験対策書籍

伝説の勉強本！

公務員試験
受かる勉強法
落ちる勉強法

定価：1,540円

シリーズ累計70万部の大ベストセラー

大卒試験用

裏ワザ大全
総合職・一般職・地方上級

定価：1,540円

高卒試験用

裏ワザ大全
一般職・地方初級

定価：1,540円

数的推理・判断推理の"勝ち組"シリーズ！

数的推理
勝者の解き方・
敗者の落とし穴 NEXT

定価：1,760円

判断推理
勝者の解き方・
敗者の落とし穴 NEXT

定価：1,760円

数的推理
勝者の解き方
トレーニング

定価：1,430円

判断推理
勝者の解き方
トレーニング

定価：1,430円

警察官・消防官試験に特化した数的推理・判断推理の決定版！

警察官・消防官
ストロングテキスト
数的推理

定価：1,650円

警察官・消防官
ストロングテキスト
判断推理・空間把握

定価：1,650円